14

食物

主编
左靖

中原出版传媒集团
中原传媒股份公司

大象出版社
·郑州·

图书在版编目(CIP)数据

碧山. 14, 食物 / 左靖主编. — 郑州：大象出版社, 2023. 11
ISBN 978-7-5711-1898-3

Ⅰ. ①碧… Ⅱ. ①左… Ⅲ. ①中华文化-文集②饮食-文化-中国-文集 Ⅳ. ①K203-53②TS971.202-53

中国国家版本馆 CIP 数据核字(2023)第 208886 号

碧山 14：食物
左靖 主编

出 版 人	汪林中
责任编辑	庞 博
责任校对	牛志远　万冬辉
美术编辑	王晶晶

出版发行	大象出版社(郑州市郑东新区祥盛街 27 号　邮政编码 450016)
	发行科　0371-63863551　总编室　0371-65597936
网　　址	www.daxiang.cn
印　　刷	河南瑞之光印刷股份有限公司
经　　销	各地新华书店经销
开　　本	720 mm×1020 mm　1/16
印　　张	16
字　　数	246 千字
版　　次	2024 年 1 月第 1 版　2024 年 1 月第 1 次印刷
定　　价	68.00 元

若发现印、装质量问题，影响阅读，请与承印厂联系调换。
印厂地址　武陟县产业集聚区东区(詹店镇)泰安路与昌平路交叉口
邮政编码　454950　　　　电话　0371-63956290

卷四 食物与种子

冬藏·有种·共生 　　　　　　　　　　　　　李雪垠 靳立鹏　149

种子保护的新出路 　　　　　　　　　　　　　　　　农民种子网络　150

谁才是种子保护的真正生力军 摆脱商业鲸吞，重燃公共价值　　农民种子网络　164

卷五 食物与艺术 　　　　　　　　　　　　　　　　　　　　　179

吃，作为一种表演艺术 　　　　　　　　　　　　　　　　　王彦之　180

艺术与食物的碰撞 一场致力『零饥饿』的艺术行动 　　　　　李萌　197

卷六 文与字 　　　　　　　　　　　　　　　　　　　　　　　209

数米：米字八十八 　　　　　　　　　　　　　　　　　　　朱玺　210

《麦：三三三》追记 　　　　　　　　　　　　　　　　　　朱玺　220

卷七 社会参与式艺术 　　　　　　　　　　　　　　　　　　 225

尴尬 美学 　　　　　　　　　　　　　　　　　　　　　　王美钦　226

挖掘城市潜力的公共艺术 　　　　　　　　　　　　　　　马立安　229

后记 『握手302』的艺术实践 　　　　　　　　　　　　　相欣奕　243

作者简介 　　　　　　　　　　　　　　　　　　　　　　　　　245

目录

卷首语　关于不同方式的食物书写（上）　左靖　001

卷一　食物与变化

食物的历史变迁　相欣奕　郭健斌　002

食物的地理变迁　郭健斌　相欣奕　017

未来世界饕餮指南　三处高原与一处盆地　孙天舒　034

卷二　食物与地方

本真的地方与非真的无地方　雷尔夫《地方与无地方》理论初释　刘苏　047

英国厨房空间简史　王晓璐　任翔　048

食物的田野　关于食物的乡土研究和传播　王国慧　056

宁德『青草』　关于人与自然的叙事　黄佳怡　063

《野莲出庄》专辑的概念　邱静慧　钟永丰　081

卷三　食物与人

我在加拿大钻垃圾箱觅食　朱艺　090

一个生态小农亲耕者能养活多少地、多少人　绿豆　119

友善的食物共享　不止盘中餐　王晓晖　120

126

140

是来自于食物」，这是「民以食为天」的另一种说法，这也因此成为我们做田野调查的一个出发点。最后，我们把手艺人的联系方式登记在书中，希望能给他们带来一些生意。碧山村头的古味食品厂，在包装自己的产品时，还特别有文字说明被《黟县百工》收录过，这是对我们工作的一种认可。

之前我对食物并不以为意，但后来越来越觉得食物的重要性。近两年，我们编了两本《碧山》，第14和15辑，完全是以食物为主题的。这两本书的内容，既有食物的历史和地理的变迁，食物与地方文化，饥荒和疫情时代的食物，还有种子保护、新素食主义、未来的食物，以及食物与设计、食物与艺术等，如果从一个宏观的角度来看，食物跟政治、社会、文化的关系都极大，甚至决定了我们以何种方式生活在这个星球上。

《碧山14：食物》的封面，是一张中国台湾省高雄市美浓镇农民在池塘采集野莲的照片。这是一个当地人在烟业衰落后寻找到他们赖以生存的野莲产业，从而走上艰辛市场路的辛酸故事。美浓原来盛产烟叶，种植面积为全台之冠。2001年中国正式加入世界贸易组织以后，美浓的烟业迅速衰落，当地人要生活，想尽各种办法，希冀在「后烟草时代」寻找另一种经济作物的可能。于是，他们种白玉萝卜、番茄、红豆、四季豆、养虾等。最后，这个不起眼的野莲，慢慢成为美浓当地人能够解决生计的代表物种。

2020年11月，台湾诗人钟永丰和音乐人林生祥创作发行了一张专辑，叫《野莲出庄》。这是另一种关于食物的书写，涉及全球化对于一个地域的影响。当地人为了生计，在烟叶不能种了或者烟叶没有竞争力的情况下，开始去寻找替代产业。目前全台湾的餐厅、夜市，99%的野莲出自于美浓，而美浓本地人却很少食用野莲。

野莲的采集特别辛苦，要穿特制的衣服在莲塘里采收，然后清洗、分装与配送。这项工作的劳动强度大，大都由嫁到美浓来的越南女性承担，还有一些越南人投奔自己在美浓的亲戚，为了生计，他们也来从事这项工作。

2016年秋，台湾「移民署」查获了农民雇佣的8名越南籍非法劳工，正因为这个事件涉及野莲产业的缺工困境与外来非法劳工的问题，钟永丰写下了《野莲出庄》。整张专辑共11首歌，关于米食、菜干、野菜、豆腐、童年的记忆、食物和女性的关系等，勾勒出一幅农村日常的食物画卷。

记得有一年，永丰去碧山，那时的碧山还有挑着担子卖豆腐的大爷，每天只做一定量的豆腐，每次都像康德一样，非常准时地出现在村子的每一个地方。豆腐的叫卖声给了永丰灵感，让他顺利写出了《豆腐牯》这首歌的开头。

这可能是音乐史上第一张以食物为主题的、关于一个村庄的专辑。钟永丰说写《野莲出庄》不是要振兴农村，只是写这个村庄。从《我庄》到《围庄》到《野莲出庄》，构成了他叙述自己家乡从20世纪50年代到70年代、70年代到今天的变迁史。（待续）

卷首语 关于不同方式的食物书写（上）　左靖

2021年12月11日，涂飞和刘庆元合作策划了"地方、音乐与实践"活动，意在把音乐根植到国内外的各种正式、非正式的艺术场景中去。他们邀请我做个讲座，因为地点选在顺德美食博物馆，正好我手头积压了两年的《碧山》食物专辑的稿件，自然就把主题定为「食物」，借此机会回顾一下十多年来，我的工作中与食物的交集部分。此为讲稿的前半部分。

关于吃、关于食物，这两年可能大家最熟悉的电视片就是《舌尖上的中国》。《舌尖上的中国》是一种关于食物的书写，事实上，还有其他更多的关于食物的书写。

在安徽碧山做乡建的时候，我们做过一本书叫《黟县百工》。我带领安徽大学的学生去黟县所有的乡镇进行调研，然后整理出版。做完这本书，发现食物在其中占据了非常重要的位置，整本书大概有500页，一共7个章节，正文83篇，食物占了23篇，篇幅是最多的。

食物列在第一个章节，叫「馔饮绘」。我们整理了黟县比较有特色的食物，共有23种，其中绝大多数都是徽州地区共有的。当然，黟县也有自己特别独到的关于食物的做法，比如夹心豆干、腊八豆腐等。

在「馔饮绘」中，我们对徽州毛豆腐的书写是这样的：首先去寻找会做毛豆腐的人，了解什么季节才会有，所谓"不时不食"。之前的食材都是有季节性的，哪个季节上市，时令过了，食材就下市，要吃得等到来年。接下来会记录食物的制作过程，还有口感。毛豆腐的毛是雪白的，可能就有化学添加剂，真正手工的会微微发黄。还有，夏天不太做，因为豆腐容易坏。采访之前，会有一些培训，我要求采访者一定要观察手艺人的生活状态。观察和记录制作过程是最基本的，但不够，市场价格也是考量的内容，以期采访者有一些新的发现。比如，在偏远的乡村仍然存在物物交换的习惯，去换，这就说明，村民往往不使用货币，而是用黄豆还有一个重点是关于手艺人的营生。不单是把食物的滋味、制作方式告诉大家，靠卖毛豆腐能不能够养活自己和家人，这是我们关心的问题。书中采访的这位师傅曾去上海做毛豆腐，想要提成，但被老板拒绝，只好回到家里继续卖毛豆腐。但这个手艺养不活自己，因此还要种地、采茶和打零工。我希望我们关于食物的书写，既突出它是本地特有的，作为食物本身的属性、制作过程等基本要素，同时还要传达食物与人的生活、生计有着怎样的关系。

韩国电影《兹山鱼谱》里有一句台词："百姓的痛苦总

卷一 食物与变化

食物的历史变迁　　　　　　　　　　　相欣奕　郭健斌

食物的地理变迁　三处高原与一处盆地　郭健斌　相欣奕

未来世界饕餮指南　　　　　　　　　　孙天舒

食物的历史变迁

相欣奕　郭健斌

"人类的历史，其基质可以说就是一部开发和利用食物资源的历史"[1]，这句话实属智慧。东西有别，然而"挣口饭吃"与"bread earner"都在为这句话提供注解——人生的本质，是谋生和维生。芸芸众生为"养家糊口"和"生存下去"耗时耗力。"含着金汤匙出生"的人是例外，但一不小心，又落在了吃饭的工具之上。两年前为了在瘟疫中"生存下去"闭门不出颇为郁郁，然而几则影星居家新闻，却可供一乐。漫威电影中小蜘蛛侠的扮演者"荷兰弟"（汤姆·赫兰德）在超市抢购不到鸡蛋，索性养了两只母鸡准备实现"鸡蛋自由"，而"毒液"的扮演者汤姆·哈迪则开始在家种菜。特殊时期，人人居家，不能出门"找食"，只好在厨房与食物"缠斗"，有人学会了烘焙，有人做出了凉皮，人与食物的关系达到新高度。又有相当一部分人，是的确"不工作，无食物"。本书的读者们大可不必对号入座，把这一席之地留给孟买达拉维贫民窟真正困顿的穷人。

本文取了一个无比宏大的标题，即便是很多大部头的书都难以述尽"食物的历史变迁"。所以笔者只能以6个与食物相关的问题为线索，辅以寻章摘句的文献检索，以期为这一话题提供不同的视角。

引言

问题：食物是什么？

· 食物与运气相关

食物是一种偶然。在内陆吃海鲜，在雪天啃西瓜，这绝非常规。漫长人类历史的绝大部分时间，人用什么填饱肚子，取决于脚步所达、力所能

---

[1] 俞为洁：《中国食料史》，上海古籍出版社，2012。

及之范围。人猿相揖别,已逾百万年。人类远祖在各自地盘上觅食维生,寻得果实草根,捉得鱼虫鸟兽,皆果腹充饥,可凭考古发现去推测与想象。数千年城市发展史,大运量交通(古代的运河,现代的铁路、公路)出现之前,城市规模受限于周边粮食之供给。从农耕社会、工业社会到现代社会,直至100年(或更短)前,"土生土长、靠山吃山"仍适用于地球上绝大部分人类。从这个角度上来看,不论古今中外,人在何处出生,以何为食,是运气。

·食物与技术相关

技术扩展可食之物的范围。抓起石头击打骨头让人食髓知味,击打硬壳取出果仁更是意外收获。从原始人翻拣野火的灰烬觅得与茹毛饮血不同口味的食物,到掌握取火技术和保存火种,不知多漫长。生食的滋味完全无法与火烤后的食物相比。时至今日,多少人深爱的仍是架在火上滋滋烤着的肉。现今与食物相关的技术层出不

架在火上烧烤的食物充满诱惑
(摄影:卢琛)

卷一 食物与变化 003

穷，这边厢实验室培养出一块牛肉，那边厢35天就养大一只鸡、鸭。可帮助人类生生不息发展至今的却是石头、木头、火、陶器、绳子、磨子等工具，是种植、选育、畜牧、发酵等最为绵延久长的传统技艺。

· 食物与政治相关

自从有了阶级，食物便与政治相关。从"无食我黍"之一咏三叹，到"何不食肉糜"之毫无智识之反问——人们在做什么？人们在吃什么？人们吃饱了吗？人们的吃食有何不同？——细究这几个问题，几乎可以帮我们理解人类的全部历史。

· 食物与哲学相关

哲学是一个非常宽泛的概念，所谓"关于世界观和方法论的理论体系"。吃什么？一日三餐人人面对。食物无比寻常，每个人都是食物专家。食物又非常复杂，普通人甚少去细致思忖。有人认为"肉食者鄙"，有人认为"嚼得菜根，百事可为"，有人因宗教信仰而选择食物，有人为养生而少食、素食乃至辟谷，有人以饕餮为最高追求。这是人的"世界观"的反映，是"方法"的选择，在这个意义上，食物与哲学相关。

一、主食：从"彼黍离离"到"小麦青青大麦黄"

问题：主食吃什么？

米还是面？作为北方人，按道理我应该以面为生，可事实并非如此。我从小爱吃米。以不那么专业的方式追寻原因，或是因为故乡的村庄可种水稻，这很少见。听爸爸说起他小时候，故乡的村庄四面有稻田、藕塘和垂柳，即使是旱地，锄头刨两下，清水就汩汩而来，手捧起就可入口。我无缘亲见，倒是看到自家存放的一两百年前的地契，其中一份清晰注明"买入水旱地八亩"，可兹印证。就是因为此，故乡的村子略显特立独行，外人云"出门两腿青泥"，而乡亲们则满足地自夸"吃不完的白莲藕、荸荠梨"。变化发生在20世纪70年代，华北地区因地下水超采，渐成漏斗之势。此后再无水田，倒是有大片的麦田，以及麦收之后取而代之的玉米青纱帐。可惜我并未吃过故乡种植的米，却有着爱吃米的口味。

米和面，正是现今中国两大主食。南方好米，北方嗜面，偶有例外。而追溯历史，主食出现了显著变化。

在漫长的历史中，主要粮食品种随着气候变迁、区域往来的变化及工程技术的演进而变化。农耕文明之前，食物经由采集捕猎获得，富含淀粉的食物，包括植物的种子、块茎、块根皆且被作为主食。然而觅食存在巨大的不确定性，人类的食物多样，难以做主食副食之区分。即便在农耕文明的早期，先民的食物来源仍以采集为主，栽培为辅。据考古研究，中国先民种植的粮食作物，北方以粟和黍为代表，南方则以稻为主，局部地区有大小麦和豆类种植，另有地区以块根块茎植物为主。[1]

《诗经》给我们提供了距今3000年前的丰富信息。其中记叙的庄稼如下：黍与稷（分别为大黄米和小黄米），大麦与小麦（麦饭珍贵，为天子日常所食，直到汉代兴修水利之后，种麦普及，才进入百姓碗里），粟与稻（分别是小米和大米），菽（豆类，豆饭藿羹，自古以来贫者食），麻（麻籽做饭或熬粥，难以除去外壳），人工选择的嘉种。[2]

春秋时期，主粮的南北之分依旧延续：北方主要种植粟与黍，南方种植稻。战国时期以来，因大力修建水利工程，需水量大的菽地位提升。灌溉技术加之石圆磨的发明，小麦种植得到快速发展，直至秦汉，小麦终于成为北方主要种植作物。[3]自此之后，成就了中国"南米北面"的格局。值得一提的是，因稻的产量高于麦，所以历朝历代不乏推广北方稻作的努力。北方稻作，或凭借水利工程实施，或依靠丰富浅层地下水优势实现。[4]正如在前文中提到，我的故乡虽处北方却一直出产稻、藕，是由丰富的地下水资源所支撑。而地下水水位的降低，也是导致北方水田消失的直接原因。

主食之品种变迁，在人口增加的压力之下，一路向着高产、易加工奔去。粟与黍被耐旱、高产的大麦和小麦所替代；香稻、糯稻被高产的籼与粳所替代，又进而被杂

1　俞为洁：《中国食料史》，上海古籍出版社，2012。
2　马永超、吴文婉、杨晓燕等：《两周时期的植物利用——来自〈诗经〉与植物考古的证据》，《农业考古》2015年第6期。
3　陈文华：《试论我国传统农业工具的历史地位》，《农业考古》1984年第1期。
4　刘旭：《中国作物栽培历史的阶段划分和传统农业形成与发展》，《中国农史》2012年第2期。

交稻、超级稻所取代；菱角、大麻子、薏苡、高粱等因难以脱粒，全不如玉米。[1] 粮食之生产方式，现今仍在变迁之中。

而今我远离故乡数千里，只把他乡作故乡。我已在所处的城市生活25年。爱人的老家是近郊的一个村庄，家里曾经养猪、种稻、种葡萄。院外竹子环绕，出门是一口堰塘，再外围是小块菜圃和大片水田。仍记得十来年前，水田中放养了鱼苗，收割稻谷之后捉鱼，鲫鱼、草鱼、鲤鱼都有，在放去一部分水的稻田中乱蹦，随手便捉。自家种稻，每年新米出来，都会非常郑重地备好酒菜品尝新米。这些体验再不会有。近郊乡间农户甚少再种稻谷，种庄稼成本太高，粮价低，而且把人捆绑住了，不如外出打工，所以弃种。这样的变化，发生在这十年之中。去年，偶然到访一处远郊农园，践行生态农法，集中耕作，数千亩稻草青青，溪流环绕，走在田间只闻风声虫鸣，颇为喜人。这或成为中国继小农精耕细作之后的粮食生产模式。

野地里常见燕麦。4月份的田间，一丛一丛的燕麦苗壮硕大。它们会被人惦记，等待成熟时采摘收藏食用，珍而重之远甚于大米和面粉。何为野草？何为庄稼？采集渔猎时代，野地里穿行的人类先祖，遇到的植物皆为野草，遇到的动物皆为野兽。如人们偶遇燕麦，他们也会在恰当的时间遇到这样籽实饱满的野草，放进嘴里咀嚼，凭借体验和记忆采集。他们会缓慢积累经验，经验积累到足够程度，又太平了足够长的时日，野草变为庄稼，野兽变为牲畜，采集渔猎变为种植养殖。曾经的食物，比如燕麦，在嘉种的筛选中被放弃，成为了当今的野草。查阅文献，不乏将野

重庆长寿的稻田（摄影：相欣奕）

1　俞为洁：《中国食料史》，上海古籍出版社，2012。

西安菜餐馆门厅的供奉，有花生、瓜子、挂面、玉米，是油料与粮食的象征
（摄影：相欣奕）

燕麦归于杂草用药除之的技术。所谓"良莠之分"。[1]

时至今日，绝大多数人的主食之问，仅限于：米还是面？而不管是米还是面，即便是农家，自耕自种自食的米面，愈发成为稀有之物了。

问题：何以度荒年？

缺粮的压力贯穿着人类的历史。总会有这样那样的原因导致粮食缺乏，或战事，或天候，或蝗灾，或生齿日繁。上至王公贵族，下至平民百姓，都可能会为缺粮所累。唐以长安为都城，随着长安城人口繁荣，关中地区无法供应足够多的粮食；又因地势所限，无法借助运河运送粮食，导致统治者采取"就食"（离开粮食短缺地区，到有粮食的地方暂时度荒）东都洛阳的策略。[2]百姓度饥荒，可没这样容易。农业文明积累的智慧，大多与果腹和维生相关。

1　朱文达、喻大昭、何燕红等：《野燕麦防除对冬小麦田间光照、养分和水分的影响》，《华中农业大学学报》2010年第2期。
2　杜海斌：《唐代粮食安全问题研究》，陕西师范大学博士论文，2013。

卷一　食物与变化　　007

2019年深秋，西安郊区古观音禅寺路边的柿子树和售卖柿子的村民（摄影：相欣奕）

大豆历史绵长，又称菽，所谓"不辨菽麦"，即把大豆与麦相提并论。大豆在春秋时期位列五谷之一，仅次于粟。即便后来慢慢退出主食行列，但大豆一直被列为可度荒年之物。大豆一则耐贫瘠，生长期短；二则有固氮提升土壤肥力之功效，又不为蝗虫所食。诸般好处，因而被认定"保岁易为，宜古之所以备凶年也。谨计家口数，种大豆。率人五亩，此田之本也"。与大豆同列的，还有稗"多收，能水旱，可救俭岁"；芋"可以救饥馑，度凶年"。记载中还有"雕胡饭度饥荒，菰米是也"。又说竹子往往在饥年开花结实，竹米洁白清香，恰可采集充饥。担此大任的，还有薯蓣（即山药，北方糖葫芦常用食材）、蒟蒻（魔芋）、柿子（俗称木头庄稼，含有丰富的淀粉和糖）。[1]对于芸芸众生而言，凭借这些食物熬过凶年，百事大吉，未来可待。

清代以来，我国人口激增，外来的玉米、甘薯和马铃薯在养活大量人口并促进人口增长等方面发挥了重要作用。关于玉米，明代杭州府的田艺蘅在《留青日札》中介绍："御麦，出于西番，旧名番麦，以其曾进御，故曰御麦。干叶类稷，花类稻穗，其苞如拳而长，其须如红绒，其粒如芡实大而莹白。花开于顶，实结于节，真异谷也。吾乡传得此种，多有种之

---

1 引自明代徐光启的《农政全书》。

者。"[1]清代以后，在人口增长压力之下，各地普及玉米种植。多见棚民开山种植玉米的记载。"外来之人租得荒山，即芟尽草根，兴种番薯、包芦（即玉米）、花生、芝麻之属，弥山遍谷，到处皆有"[2]。玉米为激增的人口提供口粮，同时也促成人口进一步增长。与此同时，早期棚民开山垦荒种植玉米也埋下水土流失生态恶化的伏笔。如文献所列，"从明代万历年间玉米传入后，即开始在全省缓慢传播；自乾隆中期开始，人口压力导致粮食缺口扩大，大量棚民进入山区，通过广泛种植玉米解决粮食危机；嘉庆、道光年间，玉米种植规模的扩大解决了这些棚民的温饱问题，但却破坏了当地的生态平衡，导致浙江省山区出现严重水土流失"。

关于甘薯的引入，有如下记载。明时，在吕宋（即菲律宾）做生意的福建长乐人陈振龙见当地种植一种叫"甘薯"的块根作物，块根"大如拳，皮色朱红，心脆多汁，生熟皆可食，产量又高，广种耐瘠"。想到家乡福建山多田少，土地贫瘠，粮食不足，陈振龙决心把甘薯引入家乡。1593年菲律宾处于西班牙殖民统治之下，视甘薯为奇货，"禁不令出境"。陈振龙"取薯藤绞入汲水绳中"，并在绳面涂抹污泥，于1593年初夏，躲过检查，"始得渡海"。

10年之前的春节，我曾乘车由丽江去往泸沽湖，途经宁蒗，看到高山陡坡，山上土石裸露，干旱无比，陡见远处山头冒着烟，惊呼"起火了"，而当地司机却熟视无睹。后来我理解，这正是刀耕火种习俗的延续。烧山之后，就等漫长旱季结束的一场雨来，随后种玉米、种土豆，玉米和土豆是当地种植的仅有的两种庄稼。2020年春季，听闻西昌和丽江等地皆有大火，我并不知晓起火原因，但念及刀耕火种的习俗也会导致山火，不免心惊。2019年的春节前，我在北京与滴滴车司机聊天，知晓他来自内蒙古赤峰，老家有几亩地，媳妇在家带孩子、种地，因为缺水，一年只能种出一季玉米。因此他到北京为家人觅食，每月挣得三四千元颇为知足。想他应该在北京熬不过2020年这个充满不确定的年份。希望他能够在别处劳动，继续为家人觅食。

不管怎么说，我在春节囤的一袋土豆已经发芽，切块后种在土里的几株，出乎意料地肥壮，已有几十厘米高，期待收获。同样是在疫情最胶着的时段，我看上了某电商推出的80斤一袋的大豆，苦于不知如何搬进电梯，无奈作罢。前几天单

1　引自明代田艺蘅的《留青日札》。
2　王保宁、朱光涌：《从抵制到接受：清代浙江的玉米种植》，《中国历史地理论丛》2019年第1期。

位工会通知,为庆祝劳动节,给大家在校园卡中充入300元钱。这个传统由来已久,而同事们相互打趣的方式,是把钱换算成食堂的馒头。一个馒头4毛钱,相当于单位给每人发了750个馒头呢。看,虽然没有饥饿的经历,但人们却都有备荒的本能。

二、下饭菜:从采薇、采荇到"夜雨剪春韭"

问题:以何下饭?

· 食野之苹,古今所好

在家躲避疫情,当我2020年第一次踩在春天的草地上时,拔下的一株清明菜已经开花。而我的学生海妃,在贵州的大山里,已经帮助家人采摘了春天最嫩的竹笋和蕨菜,并晾干挂起。

《诗经》中的姑娘们,朴实又勤劳,她们只要出门,通常不会空手而归,随手采摘野菜野果。"参差荇菜","采薇采薇","采采卷耳"(苍耳),"采采芣苢"(车前草),"采葑采菲"(蔓菁和萝卜)。现今很多人在踏青时挖来荠菜包饺

贵州大山中采集制作的蕨菜干
(摄影:杨海妃)

子，摘来槐花、榆钱儿做团子，不一定是附庸《诗经》的风雅。如果是在乡间，那是采集食物的传统再现，比如我的学生海妃，家中年年都会采摘和储藏笋干和蕨菜干；如果是在城市，则多是城市居民趁春风和暖外出踏青顺便凑趣。无论是清明菜还是荠菜，一小枝一小枝嫩叶嫩芽，费时费力采一大包，回家用开水一烫一炒，不足一盘。口味因人而异。有人夸赞其为"春天的味道"，有人嫌弃清苦。这样看来，《诗经》中的姑娘们出门顺手采的野菜，只能为饭桌上加一些点缀，肯定果腹不足。如果她们能够得到一棵大白菜或一根大萝卜，并品尝一下味道，野菜们可能会被弃之不顾。

· 园圃之内：从园中葵到大白菜

2020年春天我虽然没采到可以入口的清明菜，却采到几株薄荷，栽到自家的花池里。野菜变成蔬菜，就是从野外移栽到菜圃中这么简单。"夜雨剪春韭，新炊间黄粱"——看，多么方便，菜圃就在家旁，早起剪来一把就可加餐。农耕时代，风调雨顺，无灾无病，小富即安。"最高峰顶有人家，冬种蔓菁春采茶。长笑江头来往客，冷风寒雨宿天涯"[1]——杨升庵先生在思忖罢"滚滚长江东逝水"之后，也不免生了种菜、采茶的耕读之心。

按照记载，在人口较少、植被丰茂的地区，野外采摘即可满足菜蔬的需求。正如有学者对《诗经》中菜蔬的一番考究，判定即便是莲藕也是野生而非种植。[2]先秦时出现果蔬栽培，菜地为圃，篱笆围起来的是园，专供果蔬种植。姜、葱、韭菜、萝卜至今厨房常备之菜蔬，在春秋时即被人工栽培。葫芦宜菜宜器，也早早被人工栽培。今日很多北方人家还备有葫芦瓢，葫芦也被赋予了谐音"福禄"之美意。[3]

谁是百菜之王？产量大、口感好、耐储存应是蔬菜的良好品质。先秦以来，直至宋代、元代，葵一直被广泛种植，在《齐民要术》种植蔬菜目录里排第一位。[4]正如诗中云："青青园中葵，朝露待日晞。"此"葵"并非向日葵，而是四川、重庆等地所称"冬寒菜"，宽叶细枝，可反复剪叶持续生长，冬天不歇，至今仍是川渝地

---

1 引自明代杨慎的《竹枝词》。
2 陈抒：《〈诗经〉采摘意象研究》，复旦大学硕士论文，2012。
3 修茹、苗红磊：《中国葫芦图案的吉祥观念》，《民艺》2018年第6期。
4 王择：《"葵"究竟是种什么菜》，《文史博览》2018年第3期。

中国台北故宫博物院馆藏清代翠玉白菜

区百姓钟爱的菜蔬。它可不用油盐，直接水煮，一碗青碧；亦可在米粥煮熟之际下锅，一锅清香。宋代以后，"菘"（即大白菜）开始崛起，"春韭秋菘"正是赞其美。经过不断培育，明清时期白菜崛起为"百菜之主"。而此时的葵，地位降低，甚至在《本草纲目》中被列为草部。与白菜同时崛起的还有萝卜。所谓"萝卜青菜，各有所爱"，二者成为了蔬菜的代名词。

· 反季节果蔬人人爱，始皇帝借此"坑人"

北方冬季，鲜菜难寻。除了备好的干菜、腌菜，以及耐存的萝卜、白菜之外，是否可寻得其他鲜菜？今时今日当然不成问题，云南和攀枝花出产的鲜嫩菜蔬随时供应，大棚种植更是反季节而行之。细究温室种菜，有一则逸事。骊山有温泉，秦始皇派人在此建温室种瓜果蔬菜。寒冷的冬天里，召集儒生去往温室看瓜吃酒。儒生们充满好奇便开心地去了，始皇帝就地完成了"坑人"之骇人听闻之举。各个朝代，都可见温室栽培的记载，满足寒冷季节对新鲜瓜果蔬菜的需求。但在历史上，反季节菜蔬极为珍稀，仅供少数人食用，这是不争的事实。

三、肥油厚味

问题：何不食肉？

晋惠帝因"何不食肉糜？"[1]一句闻名。因时逢灾年，颗粒无收，百姓为了活命吃树皮草根，很多人被饿死。皇帝听闻奏报反问："何不食肉糜？"就此典故不做演绎，只想埋下一个问题：所言"肉糜"，是猪，是羊，还是牛？

"断竹，续竹，飞土，逐肉。"[2]——这则上古歌谣，记叙了先民为猎得一口肥甘所做的努力：砍下野竹子，接续成为弓；射出泥弹子，击中飞奔的猎物。现今竞技场上的诸多项目，标枪、铁饼、铅球、长跑等，也莫不延续古人追逐猎物的动作。自古至今，肉食的来源，无外乎渔猎和畜牧。长期以来，在中国百姓的食物构成之中，肉食的来源、种类及所占比例都在发生着变化。一方面，从历史上看，因身份地位不同，人们的食物结构中肉类占比存在巨大差异。另一方面，今时今日，中国百姓的膳食中肉类占比达到了前所未有的峰值。据《营养学报》的文章，仅从近30年看，谷薯类和蔬菜类的摄入持续下降，动物性食物摄入快速增加，畜肉所占比例过高。膳食结构不合理，加上不良生活习惯等诸多因素，导致肥胖及相关慢性病问题日趋加重。[3]

正如俞为洁在《中国食料史》中所做考据，因为植物性食物易腐烂、难以留存，因此考古遗迹中总见大量动物遗骨，导致人们误以为先民是强大的狩猎者。实则不然。限于获取食物的能力及人类生理特征，远古人类膳食结构为偏素性杂食。[4]史前人类渔猎获得的肉食包括鹿、野猪、野牛、鼠类，近水地区的先民也会取鱼、虾、蚌等水生动物而食。昆虫的捕食，在我国西南地区延续至今。

畜牧业初起，猪与农业耕作相适合，易于养肥，成为主要驯养的动物。河南省舞阳县贾湖遗址出土了目前所知最早的家猪（距今约9000年）。羊的驯养则最早见于黄河流域。当食物缺乏时，猪因与人争食而被放弃，羊啃食牧草，水草丰美的地区颇

1　引自《晋书·惠帝纪》。
2　引自《吴越春秋》，其诗名曰《弹歌》。
3　王志宏、孙静、王惠君等：《中国居民膳食结构的变迁与营养干预策略发展》，《营养学报》2019年第5期。
4　俞为洁：《中国食料史》，上海古籍出版社，2012。

为适宜。甘青地区出土了目前中国最早的可确定为家畜的绵羊（距今约5000年）。牛的驯养要更晚些。 家养黄牛在黄河流域中下游地区多个遗址中出现，距今4500年到4000年。晚商时期，中原地区已经形成完备的以"六畜"（马、牛、羊、鸡、犬、猪）为主的畜牧业。据《孝民屯遗址晚商先民的动物蛋白消费及相关问题初探》[1]所载，殷墟晚商遗址内先民的身份等级悬殊，食性差异显著。地位高者占有较多的动物资源，其中又以牛、羊为贵，而以猪为贱。地位较低者动物性食物的摄取几乎没有。因夏商周经常祭祀，以马、牛、羊为牺牲，这促进了畜牧业的发展。

秦汉时期，狩猎仍是获取肉食的一部分。畜牧业出现草原游牧（河湟、内蒙古、川滇）和农区畜牧的分异。前者主要牧养马、牛、羊，后者则圈养羊、猪、鸡。魏晋南北朝，北方游牧民族内迁，使得中原地区畜牧业发达，以养羊为主，南方农区则以猪、鸡为主。这一时期各民族文化大融合，饮食习惯概莫能外。据文献记载，此时宫廷肴馔，有野味，有鱼有鹿，有猪有牛羊。晋惠帝所问"何不食肉糜"还真不好说到底是猪还是牛羊。

隋唐五代时期，食用肉类主要为猪、羊、鸡、鸭。羊肉是上等肉食，这一传统一直延续到清朝才有所改变。猪肉是下等肉食，多为民间食用。养鸡盛行，为司晨、食肉和取蛋。禁食牛肉是唐代的国策，唐玄宗曾颁布《禁屠杀马牛驴诏》。所谓"自古见其生不食其肉，资其力必报其功。马牛驴皆能任重致远，济人使用，先有处分，不令宰杀"。官方畜牧业以养马为主，私营畜牧业则马、牛、驴、骡兼有，以供役力。

羊肉之尊贵一直延续。宋代皇室御厨只用羊肉。猪肉在北宋极为低贱，上层社会很少食用。北宋东坡先生有诗《猪肉颂》可做明证："黄州好猪肉，价贱如泥土。贵者不肯吃，贫者不解煮，早晨起来打两碗，饱得自家君莫管。"而晚他百年的南宋陆游的诗句"丰年留客足鸡豚"，可窥得农家养猪肥年的一斑。猪的地位，在明代陡变。明代皇室朱姓，一度禁养猪。又姓朱又属猪的明武宗朱厚照发布了这样一条禁令："照得养豕宰猪，固寻常通事。但当爵本命，又姓字异音同。况食之随生疮疾，深为未便。为此省谕地方，除牛羊等不禁外，即将豕牲（猪）不许喂养，及易卖宰杀，如若故违，本犯并当房家小，发极边永远充军。"[2]猪易于养肥，适于农作，在小农经济中地位非同一般。所幸禁猪令持续不久即作罢。

---

1 司艺、李志鹏：《孝民屯遗址晚商先民的动物蛋白消费及相关问题初探》，《殷都学刊》2017年第3期。
2 李洵：《明武宗与猪禁》，《史学集刊》1993年第2期。

清代皇室，除了偏好野味之外，更嗜好猪肉。这就一改绵延已久的皇室食羊传统，日常饮食以猪肉为主，祭祖也以猪牲为主。据故宫博物院记载，清代宫廷"每天的朝祭、夕祭，在坤宁宫内各杀两口猪，在宫内肢解、煮熟。朝祭供神后，由参加祭祀的人和值班大臣、侍卫就地吃肉，夕祭肉则交御膳房"。满人食猪肉的热情，带动了全国人民对猪肉的喜好。[1]时至今日，中国已是全世界最大的猪肉生产国和消费国，2017年，中国的猪肉产量几乎占全球猪肉总产量的一半。

四、平民的美味

问题：无肉怎么办？

有人吃羊，有人吃猪，但在中国古代的大部分时间里，仅限于上层阶级。普通百姓的日常饮食中，肉极为罕见。有人食肥甘，有人食豆饭，在某些层面上正是"食物是一种政治"之体现。穷人从何处获取蛋白质？吃不起肥羊，所以"小宰羊"就出现了。豆腐，即所谓的"小宰羊"。

豆腐是中国人的情结。犹记得十年前笔者在德国访学，研究中心偏居小镇，下班后循着亚洲超市老板的提示买了一块豆腐，然后横穿小镇回到住处。带回来的豆腐大多带着馊味，但笔者也会将其方正地切成小块，放热水中余煮捞出，再用油锅放葱花、豆瓣酱细致煎炒，美美下饭吃掉。豆腐的供应，一周只有一天。

在前文的"主食"部分，大豆已经登场。这种悠久的作物，最早位列五谷，后地位隐退，却是备荒救饥的主力。大豆是个宝，其功用有四：①下层百姓的主粮；②备荒；③酿制豆酱和豆豉；④榨油。大豆直接煮食，多食会导致腹胀、消化不良。[2]而豆腐的出现，则让一切改观。"豆腐"这个名字最早是在北宋陶谷的《清异录》中出现："日市豆腐数个，邑人呼豆腐为'小宰羊'。"有学者批驳豆腐由淮南王刘安所发明这一传说，认为其应该是在五代十国时期由匠人偶然发现，又或许是劳动人民的集体发明。不管怎样，有了石磨，就可磨豆成浆；将豆浆倒入容器中煮沸，去掉豆腥味，加快蛋白质凝结的速度，就可促进豆腐成形。称呼豆腐为"小宰羊"，正是因为无肉，豆腐亦可。豆腐不光白嫩如羊脂，其营养价值也和羊肉不相上下。

1　刘晓康：《乾隆御膳与京师食风》，吉林大学硕士论文，2019。
2　石慧、王思明：《大豆在中国的历史变迁及其动因探究》，《农业考古》2019年3月。

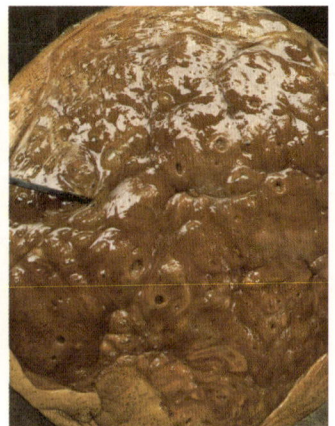

朋友志芹的母亲制作麦芽糖。我们不知不觉吃了很多甜蜜素，却难以吃到一口小麦和玉米熬制的麦芽糖
（摄影：赵志芹）

今时今日，从北方的老豆腐配韭菜花，到川渝的河水豆花，从百家百味的烧豆腐，到绝对出挑的乐山脑花豆腐，大江南北的豆腐吃法数不胜数。在漫长的历史中，豆腐为国人提供了易于吸收的蛋白质，功不可没，是以在本文中格外列出。

连篇累牍，行文至此，也只简单列出了主食、菜蔬、肉、豆腐四类食物的变迁。关于食物，佐餐之味、茶酒之饮、饱食之外的零嘴儿、养生健身之滋补、食素与辟谷……话题展开，极富趣味，无穷无尽。毕竟，并非人人都是食物专家，但每个人都从一日三餐中积累了对食物的真实经验和认知。

今日之吃食，量极大却极贫瘠，极精致又极粗糙。今时今日，我们饱食终日，挂在嘴头上流行的却是"减肥节食"。

你是否仍钟爱一碗猪油拌饭，抑或韭菜炒鸡蛋？你是否仍钟爱火烤羊排，抑或芥末生鱼片？你的口味，皆来自于数千年前。接受它，享受它，这可比炸鸡薯条有趣多了。

食物在变，取食方式也在变。人类先祖四处寻找，凭运气采集捕猎获得吃食，我们现今足不出户等外卖投喂。这是得到了自由，抑或失去了自由？

食物的地理变迁
三处高原与一处盆地

郭健斌 相欣奕

青稞收割后的田野
（摄影：相欣奕）

一切事物都在发生变化，食物概莫能外。食物的变化，悄然发生，却影响深广，不可逆转。有时令人欢呼，有时却堪思量。人们对地方食物和风味充满好奇，殊不知无论地方食物抑或地方风味，都是地理环境与时空变迁交织作用的结果。所谓的"地方"，少有严格意义的"孤岛"，都会在或急或缓兼收并蓄中促成。在这个意义上，各地的食物，你中有我，我中有你。

本文管中窥豹，选取了三处高原（青藏高原、云贵高原、内蒙古高原）和一处盆地（四川盆地），以探何种原因促成或阻碍了食物的地理变迁。青藏高原和内蒙古高原部分由郭健斌撰写，他生长于内蒙古高原，又生活工作于青藏高原。贵州和四川部分则由长期生活于西南地区的相欣奕撰写。

变化中的食物：贵州的吃食

① 长久闭塞的贵州

"巫山夹青天，巴水流若兹。巴水忽可尽，青天无到时。"[1]这是李白晚年流放夜郎经长江三峡逆流而上入云贵高原途中做的诗。唐代的贵州是何种样貌？"不与秦塞通人烟"是李白对蜀道难的感叹。作为一个蜀中长大的青年，李白24岁仗剑去国，辞亲远游，顺水而下，夜发清溪向三峡，不知几多快意；而58岁流放夜郎，溯长江转乌江，辗转崇山峻岭中的蜿蜒小道抵达珍州夜郎（今贵州正安县），其难不下于蜀道，任是蜀中长大的李白也只把诗心作"愁心"。"愁心"在于李白垂暮之年不畅意、长流黔中，也在于当时的黔地实在是让人望而生畏之地，所谓"蛮荒瘴病之地"。交通阻断、文化不通、不确定的危险，以及迥异于中原的气候，为贵州打上了"地多瘴疠，蛮夷之乡"的标签。就连明代被贬到贵州龙场（今修文县）的王守仁也以歌慨叹："连峰际天兮，飞鸟不通；游子怀乡兮，莫知西东。"[2]

自元代以来，历朝都有过巩固边疆、开拓通路的努力，然而深居云贵高原之上的贵州，闭塞状态却无法因有限的孔隙而被打破。最具有说服力的例子在于盐。贵州不产盐。即便相邻的四川和云南都有井盐出产，但地无三尺平的贵州，并未

---

1 引自唐代李白的《上三峡》。
2 引自明代王守仁的《瘗旅文》。

形成河流切割的河谷，运输极为不便，外盐难进。运程遥远、运道艰险、运具落后，加之重税和垄断，共同导致斗米斤盐的高价，普通民众无力承受。由贵见缺，因缺而贵，这样的状态在近代都未曾改观。[1]中华人民共和国成立之后，因政府的大力推动，特别是以贵阳为中心的铁路干线的通车，以及覆盖全省的公路网的修通，铁路公路促成了食盐运送，贵州长久以来的缺盐问题才得以解决。盐犹如此，遑论外来食物。本地出产，本地食用，正是长久闭塞的贵州饮食之状态。

② 出产决定食料与风味

温暖的山地环境使得古代贵州境内野兽成群，一年四季野生水果不断，为古人类的生存提供了便利的条件。[2]农业并非突然发生，而是在采集狩猎基础上渐进而成。贵州原始农业经过缓慢发展，到古夜郎时期，农业已有了一定规模和水平，人群逐渐定居，形成了耕田、有邑集的村落。然而，古夜郎聚落遗址均在石灰岩山上，人们的生产生活受地势所限难以扩大，再加上民族部落分散，各自封闭，不利于农业进一步发展。西汉末期，夜郎国灭，汉王朝在夜郎故地设置郡县。中原王朝对"西南夷"地区的开发，促成汉代贵州农业迅速发展。产粮增加，有所盈余，就为饲养家畜家禽提供了可能。贵州发掘的汉墓中数量众多的陶鸡、陶狗、陶猪等可兹印证。[3]而汉魏以后直至明清，中原王朝与贵州少数民族地区关系松散，很长时期内并未形成真正意义上的行政建制，这导致贵州民族地区持续处于封闭而相对独立的"小国寡民"社会。许多地区仍是"收谷甚少"，众多居民仍过着"食不足则猎野兽"的半农半猎生活。所谓"蛮语兼传红仡佬，土风渐入紫姜苗。耕山到处皆凭火，出户无人不佩刀"。[4]

严奇岩先生在《从竹枝词看清代贵州饮食文化的特点》[5]一文中把贵州饮食特点归纳为"淡""野""酸""生"四个字。淡，缺盐；野，以采集获得的野生动植物为重要的食物来源；酸，缺盐则以酸补味；生，清代贵州依然保留喜生食的习俗，这是"茹毛饮血"的旧石器时代的文化遗存。就主食而言，贵州各地存在

1　顾文栋：《抗战时期贵州盐运纪略》，《盐业史研究》1995年第2期。
2　张合荣：《贵州古代农业起源初探》，《农业考古》1996年第3期。
3　张合荣：《从考古资料论贵州汉代的交通与文化》，《贵州民族研究》1996年第1期。
4　杨庭硕、皇甫睿：《对江进之〈黔中杂诗〉所涉明末贵州民族文化与生态背景的再认识》，《贵州大学学报(社会科学版)》2016年第4期。
5　严奇岩：《从竹枝词看清代贵州饮食文化的特点》，《农业考古》2009年第4期。

贵州黔东南州黎平县晚稻收割后的梯田（摄影：胡鹏）

明显的差异。大体说来，在平坝、河谷地带，水稻为主要的出产，这里的人终年以大米为主食；而山区，主要是旱地，居民主要种植薯类、玉米和麦类，在相当长的历史时期内是以小麦、玉米、土豆、荞麦等为主食。贵州是多民族世代久居之地，呈现出鲜明而多样的地方习俗，但靠山吃山，靠水吃水，"淡""野""酸""生"四个字皆可包罗。

古代贵州城市食物有何特点？《十九世纪中期一个西南城市的饮食生活：以道光〈贵阳府志〉为中心》[1]详述了作为贵州省会贵阳在19世纪的饮食状态，给我们呈现出一个断面。主食首先是各种稻米；其次则为麦，有大麦、小麦、燕麦；再次则为玉米、高粱、稗、豆之类。蔬菜种类繁多，以山地出产者为主，不乏野菜。子姜、葱、蒜、木姜子、辣椒、茴香、藠头、菜籽油、芝麻油、醋都是日常调味品。肉食极为缺乏，一方面，牛、骡、驴等大型牲畜为重要畜力，很难提供肉食；另一方面，平常的羊、猪、兔、鸡等家畜家禽，养殖也并不十分广泛。贵阳远江河，少水源，水产鱼虾珍贵难寻。

---

1 郭旭、刘珊珊：《十九世纪中期一个西南城市的饮食生活：以道光〈贵阳府志〉为中心》，《贵阳学院学报(社会科学版)》2019年第3期。

明清时期的贵州僧人多食米粥、蔬菜，同时亦饮茶。[1]因自然地理环境及寺田差异，玉米也是一些贵州僧人的主食。《徐霞客游记》中提及的贵州寺庙中所食用的"蒿蒿""鸡枞""磔浆花"（鱼腥草）等菜蔬，因适应当地自然地理环境，一直都为贵州居民喜爱。

行文至此，笔者忆起大学期间与几位好友相约同游贵阳，被花溪公园中拎桶售卖的泡萝卜的酸甜惊艳，亦被香喷喷的三角豆腐中装填的细碎鱼腥草根惊吓。贵阳与笔者所生活的重庆相距三百余公里而已，口味之别却明显远超川渝之别。

③ 变化因人而来

所有变化都是因人而来。大运量、高效率的交通工具出现之前，人们虽难以携大量食物入贵州，却可以带来种子，也可以带来农业生产技术。

贵州偏居云贵高原，却又不具备云南的政治和军事地位，因而长期处于隔离、封闭的状态。但再险的高山深壑也不能完全隔断人的往来。"早在先秦时期，在滇、黔及川的一些崇山峻岭中，已经存在一些商贾活动的通道了……楚、蜀商人以滇池为中心……出夜郎、巴而至楚地。"[2]夜郎文化与滇文化的交流与渗透，与滇黔之间的交通要道密不可分。此后秦始皇修五尺道，汉武帝通夜郎道，三国时期除步道之外还增辟水路。凡此种种，虽是具有强烈政治和军事目的的古驿道，亦为民间通达提供可能。而最终形成于明清时期的滇黔主驿道，为人口的流动及文化的南来北往创造了良好的条件。交通的开启带来人口的汇入。除了通行过路之人，亦有外迁定居之人；既有流放之人，又有屯边之军民，还有经商行旅定居和自发移民。至抗日战争期间，人口流入达到一个高峰。1936年至1944年间，贵州人口由991.88万增加到1082.72万，净增90余万人。[3]

移民带来种子和新的农业技术。正如前文所列，贵州种植玉米的记载最早出现在明末清初，至清末，玉米的种植几乎覆盖整个贵州。清乾隆年间，贵州引种番

1　王威：《明清时期贵州僧人饮食文化特性及其成因探析》，《怀化学院学报》2012年第1期。
2　吴晓秋：《滇黔古代交通要道考》，《贵州大学学报(社会科学版)》2011年第5期。
3　黄文：《抗战时期贵州人口变迁对社会的影响》，《贵州文史丛刊》2009年第3期。

薯。[1]这些适宜山区瘠地种植的作物由移民带入，至今仍然是广大山区各民族群众解决温饱的主食。而贵州最早的大规模移民，可上溯到汉代。汉朝设置郡县，统治者不仅要派遣官吏管理，还"募徙死罪及奸豪实之"，向贵州迁入大批外地移民（主要来自四川）。移民掌握着先进的生产技术和生产经验，对贵州农业的发展起到较大作用。明代推行屯田政策，卫所士兵成了拿着武器的屯田户，他们"散处屯堡各乡，家口随之入黔"并世代定居于此（主要来自长江中下游和东部各省）。[2]自明朝贵州省级建制完全建立，中原的联系巩固强化，大批汉族及其他民族人口进入贵州，贵州长久封闭与隔离的边界呈消融之势。

特别值得一提的是，抗日战争期间，贵州因人口内迁而发生的食物变化。涌入贵州的移民，对农产品产生了大量需求。国民政府积极推动大后方农业开发，引入多种优良品种，产量高，极受农民欢迎。此外还兴修农田水利，扩大灌溉，鼓励垦荒以扩大耕种面积，贵州农业发展迅速，除了满足全省人民和大量移民口粮之需，还调出一批粮食供给抗日前线。此外，不同阶层、不同文化水平的外地人进入贵州，不同的风俗文化交融碰撞，商业空前活跃，旅馆业、餐馆业等服务性行业最为繁荣。贵阳街头，广味川味并存，南北风味皆有。盐业（当然不免斗米斤盐价格昂贵）、蔬菜业、糖烟酒业等都有不同程度的增加。[3]

当然，从封闭走向交融，不仅带来机会，也带来压力。有文章详述驿道开通致使山林被毁，新增人口把平坝山地改造为农田耕作，进而导致生态环境退化的历程。这样的历程各地普遍存在，贵州尤为突出。这促使我们重新思考人与自然、与土地、与食物的关系。在此不作赘述。

铁路公路开通，最紧要的食盐运来了，一切食物皆可运入运出。20世纪80年代以来，贵州人口的流入流出频繁活跃，贵州再不复旧时样貌。今时今日，贵州因独特的自然风光和民族风情而迷人。贵阳的街头，可以吃到各地食物，从因柳宗元一篇《黔之驴》而传世的驴（驴肉），到俄罗斯的红菜汤、日本的生鱼片；贵阳的市场上可以买到各地的食材。贵州的出产和风味亦遍布全国乃至全球，想想

---

[1] 雷文顶、李世涛、雷帮英等：《明清时期外来作物的引入对贵州经济发展的影响》，《经济研究导刊》2013年第1期。
[2] 卢百可（Patrick Lucas）：《屯堡人：起源、记忆、生存在中国的边疆》，中央民族大学博士论文，2010。
[3] 黄文：《抗战时期贵州人口变迁对社会的影响》，《贵州文史丛刊》2009年第3期。

驰名中外的茅台酒和老干妈辣酱,想想酸汤鱼和辣子鸡。贵州味如何?大学时同寝室的贵州湄潭姑娘每次开学都会带来一大桶妈妈做的鸡丁,辣椒、花生与木姜子同炒,厚油重味,她会在每餐饭时挖一勺拌饭。现在她人在北京,先生是陕西人,不知家中厨房会融合出何种风味。

变化中的食物:青藏高原的吃食

① 地球第三极的物产与传统吃食

西藏因海拔高而享誉世界,高海拔为这一区域带来了相较于其他同纬度地区更为寒冷的气候,这样的气候给生活在这一区域的古人类带来了更严峻的挑战。高原先民采摘植物果实,猎获动物"食肉寝皮"。[1] 位于横断山区的卡若遗址显示,距今4000多年前,藏东一带就有人类定居,人们以农耕为主要生产方式,种植作物为粟(小米),饲养有猪等家畜,同时存在狩猎业。这种丰富多样的生活方式正是康巴藏区所处高山峡谷地貌应有之农牧兼营的特点。位于群山之间宽阔河谷地带的卫藏地区,地势相对平坦,适合农耕,其先民在约3500年前开始种植古青稞、古小麦、古粟。《贤者喜宴》在"猕猴变人说"的故事中也讲道:"众

青藏高原东北缘的甘肃甘南,青稞收割后的田野
(摄影:相欣伟)

---

1 玘玉、吕红亮、李永宪等:《西藏高原的早期农业:植物考古学的证据》,《南方民族考古》2015年第1期。

猴因食谷物而变为人,他们食自然之谷物,穿树叶之衣……"[1]雅鲁藏布江中游的昌果沟遗址与藏族历史著作的记载彼此印证了卫藏地区先民早期的主食主要是谷物。安多藏区位于气候严寒的高海拔地带,空气稀薄,地表植被多为草地或草甸,生活在这一地区的先民——古羌人在4500年前将野牦牛驯化成家牦牛,《后汉书·西羌传》中描述羌人"所居无常,依随水草,地少五谷,以产牧为业"。

随着卫藏地区雅砻部落的强大,统一了青藏高原并逐渐形成今日之藏族,不同地域的先民彼此交流,饮食种类也渐趋一致。卡若遗址发掘的由狗尾草驯化选育而来的禾本科粟类作物,逐渐被生长期短、耐贫瘠、耐寒冷的青稞(裸大麦)所代替。为了便于携带和储存,青稞被炒熟磨成面,就是我们所熟知的"糌粑"(炒面粉)。糌粑一般与酥油、奶渣、酸奶和酥油茶等搭配食用,奶渣、酥油、酸奶皆来自牦牛奶。青藏高原上独有的耐高寒物种——牦牛,既是藏民的主要畜力,亦是主要食物和生活必需品来源,人们用牦牛毛做衣服或帐篷,用牦牛皮制革,用牦牛粪烧水煮饭取暖,将牦牛肉或炖或炒或风干食用,喝牦牛奶,亦将牛奶提炼成酥油、奶渣等食用。虽然糌粑和牛羊都是藏民的主要吃食,但农牧区各有侧重,牧区多牛羊肉而少糌粑,农区则多糌粑而少牛羊肉,有的农区还饲养藏猪。

酥油茶是在茶汤中置入盐巴和酥油熬制而成,藏族古老歌谣里唱道:"茶是血!茶是肉!茶是生命!"可见茶在藏民生活中的重要性。在茶叶进入藏区之前,藏区民众只能食用当地的一些植物的叶子,如尔吉德加草、芮色叶子、马板树叶或山海棠等补充维生素。[2]茶叶一经传入西藏,立即引发了藏区饮食生活上的一场自上而下的"革命",其中含有的茶多酚、茶碱、氨基酸、维生素等多种成分,不仅可以满足藏族民众对维生素和其他微量元素的需要,还具有清热、解毒、润燥、利尿、助消化、解油腻的奇效,使得藏区上至王公贵族、下至平民百姓,皆饮茶成风、嗜茶成性。

② 民族交融的主要表现是饮食的交融

据传,藏民饮用酥油茶的习惯,就是由唐与吐蕃和亲的文成公主从长安将茶叶带入藏地演化而来。由于茶叶不是青藏高原的物产,酥油茶本身就是不同民族交易

---

1 尚二斌:《青藏高原历史地理环境下的藏族服饰》,《西藏民族学院学报(哲学社会科学版)》2013年第2期。
2 谷中原、鲁惠:《西南地区茶马古道论略》,《茶叶通讯》2007年第2期。

交流的产物。石越在《象雄至吐蕃经济史研究》[1]中提出：蕃汉民间的贸易则更早，交易物品也不仅仅局限于砖茶、马匹。藏族民歌中就有"汉族地区来的文成公主带来3800种粮食品种"的说法，虽太过夸张，但也反映了这一时期藏族先民从汉地引入农作物及耕耘播种的方法和经验，丰富了吐蕃人的饮食结构。元朝统一西藏后，为强化对西藏地方政府的控制，在交通要道设置大小驿站，通过驿站大道巩固和延续了内地与西藏的交流。明清两朝特别重视茶叶在促进国家统一中发挥的作用，开辟了南北两路茶道，茶马古道达到鼎盛时期。[2]随着与内地交流的增多和生产力的提升，在藏区的一些重镇有了各种蔬菜、瓜果，这有力地促进了藏民烹饪技术的发展，但仅限于贵族。除酥油茶外，富裕阶层还会饮用甜茶（据

西藏林芝巴吉村村民家的传统炉灶，设置于客厅，用于烧水煮茶取暖（摄影：相欣奕）

1　石越：《象雄至吐蕃经济史研究》，中央民族大学博士论文，2018。
2　凌文锋：《茶马古道与"牵牛花"网络——茶叶滇藏川的文脉化研究》，云南大学博士论文，2012。

传由尼泊尔引入或英国人带入）、青稞酒；普通阶层则会饮用清茶。

青藏高原幅员广阔，世代生活在青藏高原南部边缘的门巴族、珞巴族和僜人与藏族有着完全不同的饮食。由于地处喜马拉雅山脉东段北麓，气候湿润，他们主要种植玉米、水稻、鸡爪谷、荞麦、黄豆、绿豆、芝麻等，这些粮食作物就是他们的主食。蔬菜也是他们的传统食物，茂密原始森林中蘑菇和木耳是西藏其他地方没有的，饲养牛、猪、鸡等家畜家禽以供肉食。值得一提的是，门巴族和珞巴族聚居的墨脱县，是中国最后一个通公路的县，与贵州一样，在新中国成立前长久受困于缺盐之苦。

③ 青藏高原今日之饮食

西藏和平解放后，小麦、豌豆、油菜、芜菁、马铃薯、萝卜、白菜等成为田间地头常见的农作物，普通藏家的餐桌上除了糌粑、牛羊肉外，也有了藏包子、藏面、藏式饼子、煮土豆等。随着交通条件的改善和国家援藏力度的加大，其他地区的蔬菜、大米等食物连同饮食文化输入西藏，使藏民的饮食结构发生了很大的

西藏林芝尼洋河畔章麦村，尼洋河谷中的蔬菜大棚
（摄影：相欣奕）

变化。今日西藏的菜市场，蔬菜种类已与国内其他地区一般无二。城镇内藏民的主食已经是米饭和面食，各类炒菜、炖菜更是寻常。当然，由于毗邻四川，川菜在城镇居民的饮食中占据了半壁江山。而糌粑、甜茶、酥油茶已退居为早餐食物，只有偏远农牧区和老人食用糌粑相对较多。

变化中的食物：内蒙古的吃食

① 内蒙古的物产与传统吃食

内蒙古之主体——内蒙古高原位于中温带，这里的草原生态系统使生活其中的先民选择"逐水草迁徙"，不论汉之匈奴，还是唐之突厥，皆"以肉为食兮酪为浆"，牛羊肉、奶汁、奶酪、奶酒是其主要食物。除此之外，还会从农业地区获得粮食作为补充，采食野菜瓜果等。[1]据史书记载，回纥已有饮茶的习惯，开始与唐以马易茶。契丹统治区域向南拓展，以畜牧业为主，兼营农业，其饮食有米、面、肉、乳、酒、茶、菜、果等。蒙古族发源于森林茂密的额尔古纳河流域，兼营狩猎和畜牧业，饮食以肉为主，兼有少量粮食。在其不断西征南下的过程中，逐渐成为今日内蒙古高原的主体族群。牧区的蒙古族发展畜牧业，以肉、乳为食，辅以粮食；农区的蒙古族则以农业为主，粮食成为主食，肉、乳成为辅食；半农半牧区的蒙古族经营农业和畜牧业，粮、肉、乳并食。

② 内蒙古牧区的地域差异

内蒙古高原牧区东西部存在显著的地域差异。内蒙古东西狭长，受东亚季风环流影响，内蒙古高原自东向西依次是湿润型、半湿润型、半干旱型、干旱型大陆性气候。东北部水分条件最好而热量偏低，森林植被丰富。这一地区的鄂伦春族以狩猎为生，主要以鹿、狍、野鸡和鱼肉为食，还会辅以老山芹、黄花菜、野葱等野菜和稠李子、山丁子、都柿等野果。鄂温克族主要食用驯鹿、马鹿、犴、狍子、野猪、熊、灰鼠、榛鸡和鱼等肉食，同时食用大兴安岭的野生菌类、野菜和野果。游牧的蒙古族和达斡尔族主食牛、羊肉，同时也食用猎获的狍子、野猪、野兔、野鸡、榛鸡、鹿等。

---

1 张景明：《中国北方游牧民族饮食文化研究》，中央民族大学博士论文，2004。

内蒙古的农田（摄影：李廷勇）

中部夏季温凉，降水较多，冬季寒冷干燥，是中国典型草原分布带。草原上游牧生活的蒙古族人的饮食主要由红食和白食两部分构成，红食即肉制品，有直接风干的牛羊肉干，有水煮的手把肉、涮羊肉，还有烤全羊、血肠、肉肠等；白食就是奶制品，包括鲜奶、酸奶、奶酒、奶皮子、奶酪、奶豆腐、黄油等。奶茶既是主食也是饮品，用新鲜的奶、盐和砖茶熬制而成，有的会加入炒米（糜子米，或称蒙古米）、奶嚼克、黄油、奶皮子、奶豆腐等。[1]有时也不加奶制品，仅熬制素茶。蒙古族人饮用的茶分为砖茶和红茶两种，由外来经商者尤其是晋商，将中原的茶叶运到大漠南北的草原上。得益于草原丝绸之路带来的异地物资，牧区蒙古族人的饮食中粮食也占有一席之地，既有面食又有米食。米食如炒米、稷子米，面食有蒙古包子、蒙古馅饼、蒙古月饼、蒙古面条、果条等。

西部阿拉善高原气候干旱，荒漠广布。荒漠地区多硬草、缺水，最适宜牧养骆驼和山羊。阿拉善蒙古牧民除食用其他牧区常见的红食和白食外，会将驼奶和山羊奶混在一起制作酸奶，或分别制作牛、驼、羊等三种酸奶；还会用鲜驼奶提炼驼油，也食用驼肉。

③ 内蒙古农区的蒙汉交融

内蒙古地理环境的南北向分异不如东西向分异明显，但历来有"南农北牧"的传统。蒙古族不断南迁，定居内蒙古高原外沿的河套平原、鄂尔多斯高原和辽嫩平原，与走西口、闯关东而来的移民杂居，逐渐定居务农、畜养家畜、种植五谷，以米、面为主食，肉和奶、野菜、野果退为辅食。

河套地区属温带半干旱气候，春季干旱少雨，夏季短暂，降水集中，冬季寒冷干燥。由于位于黄河"几"字湾，河流冲积出广阔的平原，地表水较丰富，适宜农业发展。战国时期，这里就开始有汉民居住。历经王朝更替，明朝在此设立马市，促进了山陕一带汉族与河套地区蒙古族各部的交流。清朝，成千上万的晋、陕等地居民，追随晋商的脚步，来到口外谋生，打破了河套地区以蒙古族为主的单一的人口结构，初步形成蒙汉混居的局面。从内蒙古高原南下的游牧文化与晋、陕等地北上的农耕文化在河套地区彼此影响、交融，其饮食也体现出蒙汉互融的特点：从事农

---

1 娜日苏：《蒙古族的茶文化》，《内蒙古民族大学学报(社会科学版)》2019年第4期。

业生产的蒙古人与汉人，均以米食或面食为主，米食如糜米酸饭和小米粥，面食包括白面、荞面、莜面、豌豆面等；菜肴一般以肉食为主，或加少量白菜、萝卜和土豆等蔬菜烹制大锅烩菜；肉食除牛羊肉外，还有农家猪肉、鸡肉、鱼肉等。

内蒙古高原东部降水充沛，亦适合农业生产。咸丰十年（1860年），清朝正式开禁"龙兴之地"，山东、河北、山西的贫困汉人，为了生计，来到关外从事农业生产，也带来以山东为主的农耕饮食，与当地满族、蒙古族及其他族群的饮食相融合，逐渐形成了东北饮食文化。[1]主食是米和面，米包括大米、小米、黄米等，面主要是白面、玉米面、荞麦面等。由于冬季漫长，蔬菜用晒制或腌制的方法保存，如酸菜、咸菜、干豆角等。肉类主要有羊、牛、猪、鹅、鸭、鸡、鱼等，烹饪方法主要是炖、酱、烤。

④ 内蒙古今日之饮食

今日之内蒙古地区，琳琅满目的各类食材，随处可见的川、鲁、淮、粤各菜系，可谓是想吃什么就吃什么。但在城市居住的蒙古族人，早餐还是少不了热腾腾的奶茶，有时候自己做羊肉包子、羊肉面、手把肉等家常菜，偶尔也会去蒙餐馆尝尝自己做不了的家乡风味。而生活在农村牧区的蒙古族人，厨房里的食材更为多样，偶尔也会下馆子，吃点没吃过的新鲜菜。汉族家庭也不例外，自家厨房仍在传承自幼熟悉的味道，而外出就餐则随性而为。[2]

变化中的食物：四川盆地的吃食

① 四川是所有人的四川

只需列出自秦以来的四川移民史，就知"四川是所有人的四川"所言不虚。四川历史上的六次大移民如下所列。

第一次大移民发生在秦汉时期。秦始皇为巩固统治而向巴蜀移民，规模巨大，延

---

1 曲察金、杨亚军：《清代内蒙古地区农业发展浅探》，《古今农业》1988年第2期。
2 王悦：《城镇化背景下的蒙古族饮食文化变迁》，中央民族大学硕士论文，2016。

续百年，[1]汉高祖又因关中饥馑而下令百姓去往蜀地就食。第二次大移民发生在汉末至魏晋南北朝时期。中原战乱不休，大批人口为避战乱而迁至蜀地。第三次大移民发生在北宋靖康年间。金兵大举南下，中原战乱延绵，四川盆地却是富饶安稳，堪称乐土。陕西、甘肃、河南居民大批入川。第四次大移民发生在元末明初。红巾军领袖明玉珍率部从湖北到达重庆称帝，大量湖北、湖南居民为避战乱追随入川。明朝平定四川之后，因战乱导致人丁稀少，朝廷组织移民入川（第一次"湖广填四川"）。第五次大移民发生在明末清初。一方面，经历多年战乱，四川遭受严重破坏，"蜀省有可耕之田，而无可耕之人"；另一方面，朝廷的鼓励政策，加之以人口压力促成外省人入川垦殖定居（即第二次"湖广填四川"）。第六次大移民发生在抗日战争前期，国民政府西迁重庆。大批来自东部省份和京、津、沪、宁的学校、工厂、机关和居民因战争而疏散入蜀。[2]

历经数次移民，四川盆地就如同一个碗里汇集了来自四面八方的水。几乎所有四川人（含重庆），都有一个传说中遥远的故乡。比如"家在麻城孝感乡"的口口相传的家族迁移史；比如宜宾民间信仰哪吒三太子，被解读为大量福建移民妈祖信仰的映射。[3]战火浩劫之后，四川多地空无一人。移民来到这些地方，并不知道此处原本的地名，便以自己的家族姓氏命名落脚地点。[4]比如乐山有李落祠、赵落祠、魏落渡、黄落坝、窦落坝、谭落弯、朱落冲、易落村、范落村等。"落"，即入川移民经过千里跋涉之后，放下行李，选择落籍于四川某个地方，从此定居落业。改革开放之后，四川人是流动最活跃的人群，他们出现在全国各地各行各业，勤奋谋生的同时，把四川的文化，包括饮食风味，散播各地。这当然是因盆地人口压力导致，但也可以说是因为四川人骨子里打下的迁移烙印。

② **本地出产多样食材**

环境在一定程度上决定了人们的饮食习惯，比如南米北面。地理环境和气候决定了地方出产，进而影响地方饮食。四川盆地地处亚热带，南北跨越8个纬度。四周由青藏高原、大巴山、秦岭、巫山、云贵高原环绕而成，境内有高山、丘陵和平原，

1　冯敏：《移民对四川饮食文化的影响——一个历史观察的视角》，《南宁职业技术学院学报》2006年第3期。
2　梁勇：《清代四川移民史研究的回顾与前瞻》，《西华师范大学学报（哲学社会科学版）》2011年第4期。
3　周煴翔：《从"异乡"到"家乡"——宜宾市哪吒信仰产生原因浅析》，《民族史研究》2018年第1期。
4　向学春：《四川地名与移民文化初探》，《文教资料》2015年第13期。

气候特征多样。这导致盆地及周边物产丰富，进而对饮食产生了决定性影响。[1]

正如《华阳国志》中所言，巴蜀地区"其山林泽渔，园囿瓜果，四节代熟，靡不有焉"，《后汉书·隗嚣公孙述列传》也记述"蜀地沃野千里，土壤膏腴，果实所生，无谷而饱"。四川很早就有稻作，盆地内河湖众多，水道河汊遍布，雨量充沛，宜于种稻。又因为稻谷产量远高于麦、粟，稻成为主要农作物，米成为四川盆地居民的主食。丰富的植物资源为植物食品的开发提供了有利条件，蔬菜水果四季层出不穷。而畜牧业、渔业则提供着多样的肉食和鱼虾水产。

与贵州形成鲜明对比的是，四川有丰富的井盐储量，制盐规模大，以自贡为代表。此外，花椒、姜、葱、蒜是四川盆地历史悠久的调味品，油、盐、酱、醋、糖、豉等都被用于调味。辣椒于明代时首先传入我国沿海地区，广东商人携带辣椒到达湖南地区种植，之后才随着移民传至四川。辣椒虽然晚到却后来居上，已成川味最醒目的标志。气候对于蜀中"尚滋味，好辛香"风味的形成不容忽视，姜、花椒、辣椒和酒，都有助于祛湿除寒。此外，四川风味必须提及泡菜和腊肉香肠。四川家家户户都制作泡菜，"泡菜之水，用花椒和盐煮沸，加烧酒少许。凡各种蔬菜均宜"。多少四川人去往异乡，第一要事就是备好坛子新制泡菜。腊肉香肠是在岁尾杀猪之后制作，"有以猪肉细切和以椒盐香料，纳于猪小肠内谓之灌酿肠，熏干食之味香美可口又曰香肠，其他肉类俱可腌之为待客之需，善收藏者，腊肉可放至期年色味不变"。

美洲新大陆被发现之后，其物产不断传播到世界各地。玉米、番薯、马铃薯等原产于美洲的高产作物自清代中期由移民带入四川，至清末已在四川民众日常饮食中占据重要地位。如前所述，第二次湖广填四川后，四川的人口激增。激增的人口对于食物的需求，推动了外来作物的普及。以番薯为例，道光《仁寿县新志》中记载："薯，农民称苕，有红白两种，邑人于沃土种百谷，瘠土则以种苕，无处不宜，大如肘或如瓶，可生啖、可煮、可煨、可作粥、可磨粉、可熬糖、可酿酒，诚备荒第一物也。"与当时全国的总体趋势相同，清代以来，四川人的口粮中也大多杂以玉米、番薯、马铃薯。更有贫困人家，"借问平时糊口计，可怜顿顿是红苕"。

1　严奇岩：《论近代四川的山货及山货经济》，《西南师范大学学报(人文社会科学版)》2005年第6期。

四川味道：鸡杂干锅、脑花烧豆腐
（摄影：相欣奕）

适宜的环境、丰富的物产，历史上的六次大规模移民，兼之以便利的交通（古代长江嘉陵江水运极为重要）汇聚外来之物，在食料与风味的大融合、大交流之中，共同造就出川菜的"一菜一格，百菜百味"。不需罗列菜名，只历数川菜的复合味型，就让人垂涎：鱼香味型、椒麻味型、红油味型、荔枝味型、陈皮味型、茄汁味型、酱香味型……当一锅红艳艳的四川火锅端上桌来，一切味皆可调，一切食材皆可烫，恰便成了四川盆地汇集天下之食与味的最生动的见证。谁不爱川菜呢？谁又不爱四川呢？

今时今日，随着大运量交通的快捷化，食材已不分彼此；密集往来的人，则成为把地方风味携带到四面八方的媒介。回溯三处高原一处盆地的食物与风味，既有对外来食物和风味迁入的长期阻滞而形成的独特地方风味（三处高原皆典型），又有人与物八方汇聚融合而成的活色生香（四川盆地）。人们去往异地旅游，除了游玩山水，也多会怀揣着美食攻略。我们需要对食物的地理变迁充满感激，让食料之欠缺得以补足丰盈。更应感谢地方风味的固守，无论本地人还是外来者，都可寻得最为地道的贵州的一碗酸汤、西藏的一顿牦牛火锅、内蒙古的手抓羊肉和四川的椒麻冷锅串串。

卷一　食物与变化　033

未来世界饕餮指南

孙天舒

2017年8月11日,在赫尔辛基世界科幻小说大会上,美国作家N.K.杰米辛凭借《方尖碑之门》(*The Obelisk Gate*),击败备受中国读者期待的《三体Ⅲ·死神永生》,蝉联第75届"雨果奖"最佳长篇故事奖。《方尖碑之门》延续了杰米辛上一部获奖作品《第五季》(*The Fifth Season*)的时代背景:在超级大洲The Stillness上,灾难性的气候席卷全球,人类文明陷入冰冷的黑暗中。一些物种为了躲避天敌强行进入冬眠,食石人(Stone Eater)以大理石和沙石为生,也有异星联盟因为食物资源枯竭而群起入侵其他大陆。气候变化、黑暗降临是科幻小说中常见的设定;由此引发的资源枯竭,尤其是食物资源的枯竭,是社会黑暗面反攻人性的导火索。由于千百年来人类对食物的获得始终仰仗太阳辐射,在灾难性气候背景下如何喂饱肚子便成了科幻作家和编剧津津乐道的主题。

千千万万的科幻作品中,至少有一些更为准确地刻画了宇宙的未来。在那个陌生的时空中,我们吃什么,怎么吃,食物又从何而来?

其实,人类作为杂食动物,对新的食物适应速度之快、对可食用物种驯化能力之强,恐怕没有其他物种能出其右。从这个角度讲,人类食品的"未来"总是来得比想象中更快些。

比如作为哺育了南美洲文明的玉米,其实来源于9000年前穗子瘦得可怜的小颖类蜀黍(拉丁名:*Zea mays* subsp. *parviglumis*),在人类不断选择利于收获和留种的选育之后,我们对玉米的认知才扩展为今天的"甜玉米""糯玉米",或者"黄油粟米棒"。

比如,樱桃和樱花虽然都属于蔷薇科李亚科,但我们不会想象在日本的赏樱季过后再来一波樱桃采摘热——因为绝大多数樱桃种类都不具备水果价值。再比如,美国销售的香蕉——无论是从哪个超市买回来的——全部拥有相同的基因,它们都属于板烟香蕉品种(Cavendish variety),不受黄叶病毒和黑色条斑病毒侵害，也没有籽，即没有生育能力。想象一下，我们现在吃的香蕉不过是彼此的复制品，是骨子里一模一样的同胞兄弟——这些听起来是不是挺科幻的？

做好了这样的心理准备，那么现在，请闭上眼睛，想象你来到"宇宙尽头餐厅"，选择了一张靠窗的卡座坐下。窗外几颗小行星沉默地爆炸着，银色餐叉冷静地反射着四溅的星际碎片——服务生（大概不是人类）送来未来世界菜单，各国大厨——各位科幻作家——将为你呈上一道道招牌菜肴……

一、快捷商务套餐：绿色小药丸，极简主义的能量摄入

绿色食品是人做的！

——《绿色食品》（*Soylent Green*）

有的饮食极简主义者认为，"吃"的根本需求在于摄入维持机体运转的能量和营养。甚至在极端情况下，只要养分足够，"吃"这个行为本身都可以被忽略。设想未来世界的人类，或许会发展出其他的能量摄入器官，比如某种"充电"器官，再比如《通缉令》（*Wanted*）里那种人在其中泡一夜就可以令伤口痊愈的"蜡浴缸"。而边际成本最低的工厂式食品制造厂将成为这种饮食方式的最佳选择，形式上或许如同一座发电厂。

Soylent算得上是饮食极简主义的代表了。2013年，一位厌倦了在用餐上花费时间的硅谷码农发明了一种可冲泡的营养粉末，并为其众筹了100万美元。4年后，Soylent已成长为一家估值过亿的公司。这种"神奇药水"将蛋白质、碳水化合物、脂肪等营养用科学方式配比，做成浅褐色粉末或者糊状饮料，将"吃"这件事的时间和经济成本降到了最低。每天3瓶Coffiest（Soylent＋Coffee，类似于升级版）加3根能量棒就能维持成人每天2000卡路里的摄入需求，价格不到20美元，据说赢得了诸多脑力劳动者和投资客的欢心。

以Soylent为代表的"食物",看似一瓶集结了诸多食材的营养补充剂,但是食物真的只是营养元素那么简单吗(https://www.good.is/food/soylent-coffiest-meal-replacer)

Soylent这个词并非原创,它来自于一部20世纪70年代美国科幻小说《腾点空!腾点空!》(*Make Room! Make Room!*),这部小说后来被改编成为电影《绿色食品》。电影中,全球变暖和人口过剩导致资源枯竭,蔬菜、水果变得极为昂贵,草莓果酱成为财富的象征。索伦(Soylent)公司用大豆(soy)和扁豆(lentil)制成的浓缩食品"Soylent Green"(绿色食品)成为人们竞相争抢的食物。在一系列谋杀案的真相被层层揭开之后,主人公发现,绿色食品其实是用人肉为原材料制成的。

和Soylent Green概念相似的食品,是英国作家大卫·米切尔的小说及同名电影《云图》(*Cloud Atlas*)中的"速补"(Soap)。这种饮料是未来时代"内索国"(Neo Seoul)克隆人餐厅的服务生能够获得的唯一食品。而这些克隆人的最大愿望就是在餐馆考核中得到"优异",从而进入"极乐园"。服务生"星美-451"曾怀着和姐姐们一样的愿望,最终却发现所谓极乐园只是克隆人的抛尸场;姐姐们在失去了利用价值之后被钉死在这里,加工成蛋白质,做成"星美"们的食物"速补",满足被剥削阶层的日常消耗。

在改编自同名小说的电影《云图》中，餐厅服务员克隆人星美—451（中）在形成自我意识之前，与其他克隆人一样都是廉价的劳动力，靠喝"速补"过活，天天过着重复的生活，希望自己有一天也能因考核成绩优异而进入"极乐园"

二、前菜：蜜渍蝗虫和腌孔雀舌头，所见非所得

……我们的制造商仅仅是选取了最受欢迎的预先合成的食物做样子，然后复制出它们的味道以及特征……他们最终从自然物质中为人类加工出了无限的理想食品……（虽然目前）只能供给很少几个美食家享用。

——阿瑟·克拉克《神的食物》

真正的美食家会对极简饮食嗤之以鼻。对他们来说，食品的终极任务是给人类提供感官盛宴，而绝不只是一摊面目可憎的糨糊。在英国作家阿瑟·克拉克（Arthur C. Clarke）的小说《神的食物》（*The Food of the Gods*）中，未来人类的味蕾要比"星美"们幸福得多。虽然仍要背负粮食枯竭的压力，但在食品企业巨头和科学家孜孜不倦的探索和打造下，人类终于可以用水、空气和岩石合成各种食物。食物的创造方式从农业、畜牧业转向自动化"动植物产品"生产。人们还因此赢得了"道德上的胜利"——动物宰杀不复存在，血淋淋的鲜肉铺子成为历史。

小说中，食品公司拥有庞大的味觉资料库，"只要是人类曾经吃过的，甚至有些还是诸位从未听说过的、稀奇古怪的东西，比如油煎乌贼、蜜渍蝗虫、腌孔雀舌头……我们可以选择数据……混合其中的几种口味或特征。"

在合成食品方面，现实再一次跑赢了科幻。2017年夏天，在华盛顿，我就亲口品尝了一种在实验室里培养出来的植物牛肉汉堡——敲出这个词儿的时候我也有点"分裂"——Beyond Burger。这种"牛肉"由精心遴选的植物、种子蛋白制成，口感和真牛肉别无二致，甚至还模仿出了油脂受热发生美拉德反应后产生的焦

"假肉"在霸占中式素食上千年后，终于以"高科技"的姿态进入美国快餐领域，今夏又高调进入中国市场。如今在肯德基、星巴克、Wagas都可以吃到人造肉了——虽然价格依然高企，评价褒贬不一。

糖味道。另一方面，早在2013年，荷兰马斯特里赫特大学便研发出了世界上第一个实验室培养的汉堡，它由两万条条状牛肉干细胞组织组成，每一条组织始于同一个干细胞，需要几周时间才能形成。

合成食物能够成为资源集约和美味享受兼具的选择吗？当全球对肉类需求持续上升、农业面源污染、能源消耗和温室效应不断恶化之时，吃人工合成肉类或许不失为解决胃口和环境两难问题的方案。

然而阿瑟·克拉克对此并不抱有玫瑰色的想象——在《神的食物》的结尾，主人公揭示商业上大获成功的"安布罗美味调料食品"之所以拥有其他合成食品不能匹敌的美味，是因为他们利用了人类基因中对真实肉类的渴望，将人的尸体加工成了食品，而消费者也不得不正视自己的真实身份："食人肉的人。"

三、第一道主菜：沙蚕和贻贝，向大海索要资源

我见到了匍匐于海底沙地上的各种螺类、海胆和寄居蟹，还有附着在岩礁上的珊瑚虫、水螅虫、牡蛎和贻贝，以及从地下钻出来的梭子蟹和海蚯蚓……

——韩松《红色海洋》

当陆地上的资源日渐枯竭，占地球表面积71%的海洋便成了下一个粮仓。据联合国

右：《末世男女》封面
左：《红色海洋》封面

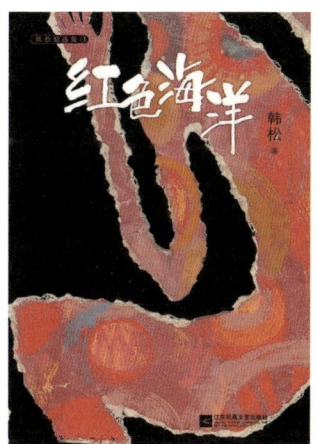

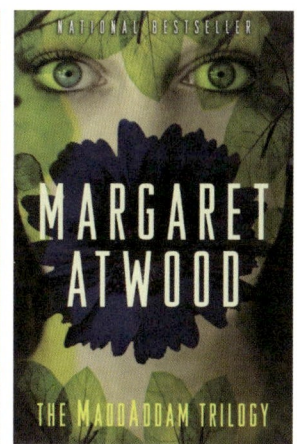

2009年一项统计显示，人类所有蛋白质摄入量中有6.5%来自于水产品。但仅靠捕捞和养殖还远远不够，智慧的人类还要通过创造、合成，把各种物质变为食材——从海蜇到蜘蛛蟹，再到海藻。

如果要加以类比，海藻大概可以被看作"海里的小麦"。近海水域海藻每年的生长量相当于目前世界小麦年产量的15倍，而人工养殖海带的繁衍速度比野生状态下提高了2000多倍。科幻作品如米歇尔·安德尔森（Michael Anderson）的电影《拦截时空禁区》（*Logan's Run*）和玛格丽特·阿特伍德（Margaret Atwood）的作品《末世男女》（*Oryx and Crake*）中都设定了用藻类制造未来肉类——数据表明，一公顷水面生产的新品种藻类与40公顷土地所生产大豆的营养物相当。

且不说用海藻制造食品是否悦目可口，单考虑一个问题：在陆地上行不通的掠夺性进食，在海洋中就一定能得以延续吗？人类对海洋的开发和造成的污染已经导致无数物种濒临灭绝。金枪鱼在日本江户时代末期才进入主流饮食，距今不超过200年，现今诸多种群已然濒危。例如被许多日料店铺标榜的蓝鳍金枪鱼，数十年内数量剧减80%至90%，种群现状目前已被世界自然保护联盟（IUCN）评估为"极危"。再比如南极磷虾，据说每年产量高达50亿吨，取一个零头也比全世界一年的捕鱼量多出一倍有余。然而有研究表明，随着人类捕捞和气候变暖（近70年间海水平均温度上升5℃至6℃），20世纪70年代至今，南极半岛和斯科舍海地区的磷虾密度下降了近80%。

卷一 食物与变化

在我国，近海渔业资源已几近枯竭。原因众多，但首先是环境污染造成的物种灭绝，其次是捕捞方式造成生物种群无法迭代。在捕捞成本和利益的驱使下，不仅常规鱼类被捕捞殆尽，连不足手指长的杂鱼、"垃圾鱼"也被极细的网眼打捞上来，压成冷冻鱼板，制成蛋白质粉末，用于动物饲料——或许某一天还会被用作人类的食物。

中国科幻作家韩松的《红色海洋》对海洋资源枯竭的描写可谓诡异恐怖。在他的笔下，"海鲜大餐"充满血腥和罪恶的味道。书中的海洋里生活着大约5万余"水栖人"，曾经"缓坡上分布着丰富的食物源"。海洋让人欣喜：海螺、对虾、海胆、寄居蟹、牡蛎茁壮成长，滋养着水栖人的帝国。然而，因重金属和同位素的污染，数万曾以海洋生物为食的"水栖人"被饥饿所迫，种族分裂，相互蚕食，屠杀染红了海洋。水栖人社会的道德准则崩塌，大家群宿在一起，交媾繁殖，但并非为了抚养后代，而是为了将婴儿作为食物。

四、主食：米饭和土豆，口粮种植的未来

"当然是稻穗。"何夕用力拍了拍身边的那枝曲折粗大仿佛盘龙虬结的树干，"它结在稻秆上。你还没看出来吗？……我们正站在一株稻谷的下面。"他用巫师一般的声音说道。"从某种意义上讲它的确是稻谷的一种，但是——"何夕停了一下，"它是多年生的木本植物。"

——何夕《田园》

何夕的小说一贯以自己的名字为男主角命名。在《田园》里，稻谷长在树上，人们再也无须反复翻土、播种、除草，只需种下一棵树（"木禾"），就能轻松收获几十年甚至上百年，再无饥馑之虞。

口粮大概是最能体现"未来已来"的食物种类了。另一篇关于转基因口粮的小说，是王晋康的《替天行道》，写于2001年。20年前，文中暗喻孟山都的MSD公司还显得讳莫如深；当然，彼时王晋康、刘慈欣、韩松等人还被称为"新生代"，现今他们已成为奔六奔七的老牌科幻作家了。

《替天行道》中，农业公司MSD的中国高管吉明在河南某县推广公司研发的新型小麦"魔王麦"。这种小麦产量可观，却要求农民必须每年从公司购入新的麦种，

不能自己留种。王晋康在小说中是这样解释的："基因工程没有办不到的事。这种'自杀种子'的育种方法是：从其他植物的病株上剪下导致不育的毒蛋白基因，组合到小麦种子中，同时插入两段基因编码，使毒蛋白基因保持休眠状态，直到庄稼成熟时，毒素才分泌出来杀死新种子。所以，毒蛋白只影响种子而不影响植株。"然而，"魔王麦"的自杀基因却扩散到了本地小麦中，致使作物纷纷绝收。代表MSD的利益却又始终无法割舍对土地情感的吉明，在资本的阴谋和自身的反复拷问中最终走向极端，试图以行动摧毁MSD公司。

转基因作物是否真的存在所谓"自杀开关"，以及如果真的存在，其"致毒"成分是否会威胁人与动植物的生存——类似的争论已经进行了十余年，不是本文的重点。在科学讨论之外，转基因主粮显然涉及了太多跨领域和学科的纷争。不知道2001年的王晋康是否预见到，自己作品中虚构的资本与小农的冲突，在现实中竟会发生得如此之快？研究生就读期间，我的"食品系统"课程的教授曾用整整一个学期的时间，每周请转基因问题的对立双方代表来做讲座。代表中有环保组织的成员，有援助组织的农业技术专员，有化肥和种子公司的科学家，当然也有"MSD"公司的代表。每个人的论述都有理有据，却又都自觉或不自觉地带着偏见和导向。2016年在华盛顿举办的一个关于农业技术创新的闭门会上（我作为出力不要钱的志愿者混进了会场），若干家非政府组织代表和企业的代表吵得不可开交，台上台下指名道姓说对方居心叵测。这样各说各话的利益撕扯，又何尝不是科幻小说的绝佳题材呢？

实验室里到底发生了什么我们不得而知。我不想仅仅从食品和种植安全的角度理解转基因问题。当农民和消费者的日日之食被信息的不对称强行蒙上了"阴谋论"的色彩；当传统的农业知识被统一高效的现代农业知识淘汰；当农民失去了对种植技术的把握，沦为单纯的"插秧者""灌溉者"甚至是可以被AI替代的"机器操作员"；当口粮的知识产权和国家的粮食安全掌握在少数跨国寡头手中；当粮食成为期货市场上的金融产品，价格翻高数十倍……手中莹润饱满的大米，真的能为我们提供"安全感"吗？

吵累了，不如抬眼从地面向天上看看吧。假如科幻作家的暗黑想象成真——地球上的资源真的被我们"作"到枯竭，我们是否可以探索在太空种植口粮呢？

《火星救援》（*The Martian*）讲述了一个落难植物学家如何科学地在太空种土豆

的故事。马特·达蒙（Matt Damon）扮演的宇航员马克是芝加哥大学植物学家，出征火星是为了研究在火星上种植物的可能性。在居住舱里，马克开荒破土、燃烧火箭燃料造水、搅拌同事粪便施肥。虽然土豆的产量尚不足以奢侈到酿造伏特加，却为宇航员延续了将近600天的生命。

据说，美国国家航空航天局（以下简称为"NASA"）一反常态地为这部电影背书。在电影公映9天前，NASA抛出重磅消息：在火星地表下发现了液态水，而且可能具备细菌生存的条件。除此之外，NASA还在2015年宣布空间站中的宇航员已成功用无土栽培的方式种出了莴苣，其光合作用所需光线由红、蓝、绿LED灯提供。NASA并未低估太空农业的艰巨性，因为在地球上唾手可得的水、空气、温度、土壤、阳光等资源，在太空空间站里全都要人工制造，"这些工作至少要花费每个被送上火星的人60%的时间"。"太空务农"不是玩儿票，NASA已经表示，农民要比科学家、工程师和宇航员更优先拿到去往火星的单程票。

电影里，马克说了这样一段话："植物学系一半的人都是嬉皮士，他们认为他们可以重返什么自然世界系统，靠着采集就能喂饱七十亿人口，而他们大部分的时间都在研究如何更好地种大麻……他们试图通过堆肥来保存每一盎司的活性物质，而我嘲讽他们：看这些傻帽儿嬉皮士，他们打算在自己的后院儿里模拟整个复杂的地球生态系统，简直可悲。"

关于后半句话，马克在居住舱制造水和回收有机物的行为显然是打了自己一个耳

美国国家航空航天局阿尔法火星山丘项目，模拟火星栖息地，招募志愿者在通讯受限、食物和资源不足、设备故障等条件下开展多项火星探索任务，包括食物种植。
图源：https://www.iconbuild.com/projects/mars-dune-alpha

光。不过他的前半句道出了太空农业的核心：不能依靠采集和扩大对资源的攫取来喂饱人口——相比起传统农业不断要求资源的投入和废弃物的排出，理想中的太空农业应该是一个自给自足、不断实现最大化循环利用资源的闭环系统（Close-loop system）。如果说我们现在的物质利用体系是由摇篮到坟墓（Cradle to Grave，即由产出到废弃），那么闭环农业则是摇篮到摇篮（Cradle to Cradle）的耕作方式。或许"火星最强植物学家"马克不得不向那些"嬉皮士植物学家"低头，因为科幻中以循环为要义的太空农业遵循的正是有机农业、可持续农业的原则：减少外界物质的投入量，形成有效的闭环农业生态循环系统，并且对作物生产的全过程进行有效监督和品质控制。

五、惊喜甜品：黑森林蛋糕，失事飞船中的俄罗斯轮盘

"他用大切片刀把这条腿从膝部切成两截，然后开始用一把锋利的猪肉刀剥皮。大腿骨裹着看上去很可口的肉，很是粗壮。当然，这是火腿。筋腱很有韧性，他用硬切片刀切得大汗淋漓，很快在身边垒起了厚厚的带着肌肉膜的肉块。他把大块胫骨处的肉放进装满滚水的大罐子，加上桂皮、丁香、芹菜、洋葱、茴香、藏红花、胡椒粒和其他辛辣的调料与蔬菜一起炖。"

——小松左京《野性之口》

希望之前的菜肴让您满意，持梁齿肥，酒足饭饱，高谈阔论，宾主尽欢。此时，当然要再来一道绵密精美的甜品助兴。侍者端上黑森林蛋糕，鲜红色的樱桃汁水顺着

右：《野性之口》最早发表在《科幻世界》2002年2月号上
左：日本科幻作家小松左京
图源：https://site.douban.com/widget/notes/3712492/note/163800063/

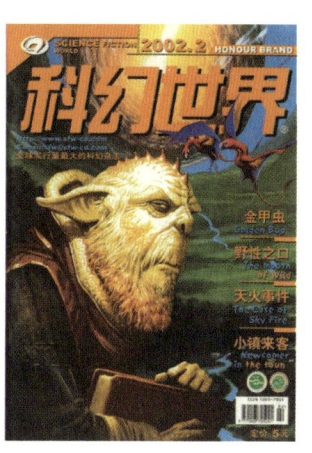

白色的新鲜奶油和深褐色的可可戚风淌下来，在陶瓷盘里形成一小汪血色。侍者恭敬地凑到你的耳边，轻轻问：您还可以指定烹饪在座任何一位客人——包括您自己——您看要吃谁，怎么吃？欢迎来到赫利奥加巴卢斯的玫瑰盛宴！[1]

几乎每一部危机主义的"宇宙奥德赛"式科幻作品都逃不过这个情节：吃人。在毫不知情的情况下吃掉由同胞遗骸精心加工而成的食品是一回事，直面活生生的肌体，在人性和饥饿、理性和疯狂中做出抉择又是另外一回事——等等，或许在食物匮乏的绝境下，疯狂才是理性呢？

只要"进食"这一动作存在，就永远有吃与被吃的双方，有征服和妥协的关系。对于生活在和平富足年代的我们来说，进食是一种愉悦的享受，但科幻作品却总是将场景推向极端。在科幻作品里，"吃"伴随着暴力和黑暗，"食"和"贪"合二为一。美国作家大卫·W.赫尔（David W. Hill）的《美食》中，变异的人类在城市里四处狩猎，畸形的躯体麻痹了他们对谋杀同胞的羞愧。韩楠的作品《为了生存》里，失事飞船的宇航员为了充饥克隆了自己，又和克隆人用俄罗斯轮盘的方式决定谁吃掉谁，4个月之后，他根本不记得自己是自然人还是克隆人，是进食者还是食物本身。刘慈欣的《三体》中，章北海一瞬间的仁慈和"人性"，让他和舰上全部人员被同样在绝境中的友舰杀死，舰艇残骸成为对方的补给。日本作家小松左京的《野性之口》则没有什么情节，只是描述一个人如何将自己一截一截地吃掉，如何剥离肢体，如何烹调，食欲如何首先冲昏大脑，而后回归原始的侵略冲动。和恰克·帕拉尼克[2]的《肠子》（Haunted）一样，我不推荐你饭前阅读这部作品，虽然它一语道破真相："一切动物生命的根基就是那张带着如饥似渴的吞食欲望的嘴巴，巨大的野性之口。"——唔，人类古往今来开疆破土摧枯拉朽的"壮举"，哪一桩不是出自类似的冲动呢？

在饥饿面前，人性经得起推敲吗？出生于丰足之年的我们无法给出答案。我们希冀这一天不会到来，土地几万年如一日为我们提供食物和给养，但我们需要有所准备：在未来世界，吃饱饭也许没有想象的那样简单。由于食品系统越来越全球化，对环境、经济、政治的波动愈加敏感：国际油价飙升、气候变化、贸易波动等因素

---

1 在古罗马皇帝赫利奥加巴卢斯的一次宴会上，为了满足暴君的欲望，侍者从天花板上撒下无数玫瑰花瓣，花瓣纷纷飘落到赴宴者身上，有不少宾客被深埋花瓣中，窒息身亡。
2 Chuck Palahniuk，美国著名邪典小说（Cult Fiction）作家，代表作品包括《搏击俱乐部》。

都能影响全球和地方的粮食供给和价格。

人类从未停止攫取食物，同时，也从未停止被食物改变。对于未来，有一点是可以肯定的：地球的承载力和食物供给将在人类的消费扩张下日益紧张。如果我们不改变目前的生产、消费和食物分配方式，匮乏时代会加速降临。如果我们真的走到了那一步，未来世界的食物将不再是我们现在看到的食物，未来世界的人类也将不再是我们现在所谓的人类。从食不果腹、茹毛饮血的原始社会，到流着奶与蜜或者可乐与爆米花的美丽新世界，再到一个贫瘠、恐慌、动乱的反乌托邦，以及最后，像经济学原理常常归结的一样，回归到低水平的动态平衡：比茹毛饮血好一点，比奶与蜜差一点。我们到底是坐以待毙，强迫自己适应、妥协呢？还是寻找出路，让科幻作品中的暗黑场景永远封存在想象的次元？

亲爱的"宇宙尽头餐厅"的顾客们，你们做好准备，回答这张餐后调查问卷了吗？

卷二 食物与地方

本真的地方与非真的无地方 雷尔夫《地方与无地方》理论初释 刘苏

英国厨房空间简史 王晓璐 任翔

食物的田野 关于食物的乡土研究和传播 王国慧

宁德『青草』 关于人与自然的叙事 黄佳怡

《野莲出庄》专辑的概念 邱静慧 钟永丰

本真的地方与非真的无地方

雷尔夫《地方与无地方》理论初释　刘苏

20世纪70年代，英美地理学界掀起了一股影响十分广泛的人文主义思潮，称为"人文主义地理学"或"人本主义地理学"。该思潮吸取了现象学和存在主义的思想，以日常生活世界为根基，着力探讨人的经验与地方的意义等问题，并涌现出不少以此为旨趣的人文地理学家，像段义孚、安·布蒂默、赛明思等。其中，爱德华·雷尔夫在1976年出版的著作《地方与无地方》（Place and Placelessness）是该时期的一部代表作。地理学家大卫·西蒙认为这部著作是人文主义地理学鼎盛时期（1970—1978）最重要的十部文献之一。根据科学、社会学、艺术与人文学引文索引显示，从1977年到2005年，该书已在学术类杂志上引用了357次；而在出版的头十年里，年均引用率达到12次，之后逐年上升，在2004年达到36次；自1989年以来，地理学者引用此书为142次，环境研究118次，心理学43次，社会学42次，城市研究30次，规划学21次，健康学10次，人类学9次。

2021年，商务印书馆出版了该书的中文版。或许因引介较晚的缘故，其中的思想迄今尚未在国内获得充分挖掘。而在欧美，自M.M. 韦伯于1964年在《都市场所与非地方的都市领域》（The Urban Place and the Nonplace Urban Realm）一文里正式提出"非地方"（Nonplace）概念以来，学者们已围绕非地方、无地方的思想展开了大量研究，形成了一个醒目且不断延展的领域。该领域里较突出的著作文献还包括莎伦·佐金的《裸城：原真性城市场所的生与死》《权力景观：从底特律到迪士尼乐园》，马克·欧杰的《非地方：现代性人类学导论》，詹姆斯·昆斯特勒的《无名之地的地理学：美国人造景观的兴衰》，段义孚的《宗教：从地方到无地方》，等等。此外，J.N. 恩特里金、H. 科克斯、大卫·哈维等学者也都以论文的形式对"无地方"展开了大量讨论。

到20世纪90年代初期，"无地方"的研究与另外两个领域结合在了一起：一是"无名之地"（nowhereness）或"他者性"（otherness）的地理学，二是身份认同的危机。前者代表现代性与全球资本主义的后果，后者则源于社会关系的变化。此外，为了应对全球不断蔓延的无地方现象，20世纪90年代规划人士还提出了"边缘城市"和"新传统都市主义"的概念，试图通过空间规划、建筑设计的手段来与之对抗。比如，以提倡紧凑型城市来反对巨型城市，强调人行而非车行，强调营造地方认同，反对人与环境的疏远。但事实上，无地方的问题早已超越了单纯的空间规划与建筑设计的层面，更是侵入到人类的集体意识与社会规范之中。由此，雷尔夫在20世纪70年代探讨无地方的时候，则尝试从现象学视角入手。在这样的视角下，"地方"与"无地方"究竟呈现出怎样的内涵？

地方的本真与非真

雷尔夫采用的现象学不是胡塞尔的先验现象学，而是海德格尔的存在主义或"解释学现象学"。落实到地方的分析上，体现为对地方"本真"的探讨，其反面为地方的"非真"，是无地方的特质。进而，雷尔夫又将本真的地方置于地方的内部，将非真的无地方置于外部，实现了对地方内与外的结构式分析。那么，什么是地方的本真？

地方的本真是地方的实质之所在，同无地方的非真相对。雷尔夫在书中谈道："本真作为一种存在的形式，其含义在于人对自身的存在所承担的责任具有完全的接纳与认同。"另外，在段义孚看来，当人处于一个本真的地方中，就自然而然处于一种不自觉和不具有反思的安全感与舒适感的存在状态里；人完全沉浸于此地，甚至意识不到时间的流逝，觉察不到最切近的环境之外的世界，而这样的地方就是"家"的所在。由此，对周遭环境的"不自觉"乃本真地方的一项重要特质，在海德格尔的存在主义哲学中，它是"此在"（人）原始的直观与"素朴知觉"，是在因缘整体中凸显出来的原始领会，而非对象化地去看待和分析事物的态度。同时，海德格尔也认为，"此在""公开场""疏明之地"与"无蔽状态"这些现象学概念其实都是同一回事；只要"此在"存在着，那么"此在"就自然会开辟出一片公开场或疏明之地。换言之，在这种不自觉的存在状态下，人与环境其实合二为一了。由此，本真的地方就是栖居者自然而然的生存演历，是他们人格的延伸。就像段义孚所说："大多数成年人会因赤身露体而害羞，也会因穿了别人的衣服而感到自我身份遭到了侵害。当某人将他的情感倾注在家庭或社区后但又被强行赶出去时，就会像被强行脱掉了外套一样。"

与此相反，无地方是非真的地方。雷尔夫认为："它本质上是一种地方的无意义，它包括，人对地方的深度象征意义缺乏关注，也对地方的认同缺乏体会。这种态度只是为了实现社会的便捷，对各种陈词滥调缺乏反思，同时对知识与审美的流行方式不具有真正的委身。"因此，无地方本质上是地方意义（地方感）的消亡。

地方意义的消亡是一个从不自觉变为自觉及刻意制造的过程。该过程不仅涉及地方形态的变化，还涉及地方依附的变化。相较于不自觉生发出来的地方意义所具有的原始素朴、亲密无间的特征，现代性刻意制造出来的地方往往缺乏地方依附的强度与根性，比如雷尔夫提到的统一化与标准化的地方，速建起来的新城和郊区，国际风格的建筑，等等。同时，为了重塑地方已失去的意义，现代性也常常以拿来主义的态度将地方本真的意义重新嫁接到现代生活里。比如，新传统都市主义正是将"发明"出来的地方认同植入新规划的社区里，重新打造出人们对地方的依附，比较典型的景观是主题公园和游乐场。但这也会造成雷尔夫所说的"迪士尼化"的无地方。

总之，在雷尔夫看来，"本真"在于"不自觉"的环境营造，它从人的生存演历中自然生发出来；而"非真"在于"自觉"的环境制造，源于人们有意识的设计。那么，出现了"自觉"是否就意味着绝对的非真呢？雷尔夫的答案也是否定的。自觉的设计有时也能营造出本真的地方。他说："本真且自觉的地方感体现为建造出来的地方能清晰地展现出全人类的整体观念，并且能让人感受到地方对于日常生活的意义。它往往体现出精英的某种特权，而非社区所有成员的价值观。"这样的地方如：古希腊的神庙，文艺复兴时期教会与商人赞助规划的城镇，现代社会中因设计师个人灵感而打造出来的场所，等等。由此，从本真到非真是一条过渡的谱带，当中存在着大量地方与无地方相互杂糅、彼此镶嵌的状态，但总体趋势则是地方不断被无地方所取代。

正因为从本真的地方到非真的无地方是一个从不自觉到自觉过渡的谱带，所以，地方也就演化出内部与外部的结构特征。

地方的内部与外部

地方的内部与外部是雷尔夫在《地方与无地方》中最为突出的理论创造。地方的内部与外部并非几何式的结构，而是生存论的结构。就像海德格尔对"此在"的生存论结构展开分析一般，雷尔夫也对地方的生存论结构展开了剖析，实现了现象学朝地理学的嫁接。

按照现象学的观点,"此在"(人)一开始就具有一个"前"发生境域,之所以是"前",原因在于这个境域是非对象化的,是不自觉的,"此在"在这个境域的结构里,已经对世界有所领会了。如果我们采用意向性的"晕圈"来解释此领会的境域则十分形象。它是一种从中心向四周逐渐扩散,最终隐没在周围背景里的结构。这样,我们每个人就都始终携带着一个以自我为中心的生存场生存于世。雷尔夫说道:"我们每个人都在一定程度上成为了某种精神空间的中心,被编织在了一个同心圆的区域内,由内到外,人的利益与依附性都在不断降低……当我们四处移动的时候,我们又总是以自我为中心地携带着这样的区域,我们总是位于我们知觉空间的中央;也正因此,我们才能位于一个地方。以自我为中心的空间结构,能淡化内部与外部划分时所产生的尖锐感,这样的划分可能源于物质与文化所定义的边界。而这类物质边界自身也可能被弱化。"由于这一"前"发生境域(晕圈)的非边界性,它是朝着世界背景(因缘整体)逐渐隐没的,人类的意识才会淡化尖锐的物质空间边界。这样的结构不仅生发出了地方的内部与外部,也使得地方的内、外不会处于相互断裂的对峙状态,而是处在连续过渡的谱带当中,如雷尔夫所言:"它们(内部与外部)相互之间处于连续状态,无法精确分割开来。"

一件事物是否处在这个不自觉的"前"发生境域里,差别是巨大的。按照现象学者张祥龙的观点:"在不在当场的晕圈里头,是一个重大的区别,这是现象学中非常原本的结构。"雷尔夫始终立足于这一原本的结构展开地方和地方认同的结构式分析。由于事物同"我"对世界的不自觉领会存在关联,因此就与认同(身份)存在关联。认同本身指向了"我"与"非我"的二元,而在绝对的"我"和"非我"之间,则是认同的连续谱带。因此,雷尔夫把地方认同的内部与外部分为相互过渡的七个层次,它们包括:"存在的内部性""移情的内部性""行为的内部性""间接感受的内部性""附属的外部性""客观的外部性"和"存在的外部性"。

首先,"存在的内部性"是指人处在不自觉的"前"发生境域的中心位置,该位置往往是一个人的家或家乡。雷尔夫说:"这种内部性往往呈现为人们待在家里的时候,也包括待在家乡及整个区域的时候。"

而"移情的内部性""行为的内部性""间接感受的内部性"三者都依次从内到外处于"前"发生境域内,已经凸显出了自觉性。并且它们也都参与到了自我认同的建构之中,具有一定的本真性,仍处于地方的内部。其中,"移情的内部性"是人自觉地、反思地朝某个地方敞开自己,以便领会地方的意义。比如人类学家对研究地所持有的态度。"行为的内部性"是人以视觉为基础去自觉揭示地方外观中所蕴含的意义，比如艺术家对地方的外观纹理进行考察，以领会其中的本真意蕴。"间接感受的内部性"则指人通过艺术作品、电影、宣传手册等二手资料去领会一个真实地方的过程，此过程也能与地方的意义产生关联，但却是间接与片面的。

相反，"附属的外部性""客观的外部性"与"存在的外部性"三者，在雷尔夫看来则依次向外处于"非我"之境，也就是处于同自我认同相疏离的外部之境。其中，"附属的外部性"所具有的疏离状态体现为，地方只是一个默默无闻的行动背景而已，人对此地没有投入任何感情。比如卡车司机、物流人员对高速公路上的加油站所具有的态度。而针对"客观的外部性"，海德格尔在《世界图像的时代》《科学与思考》《追问技术问题》等文章里做过不少批判。此外部性是因科学技术的冷静客观态度，自觉地将世界从人融于其中的生存场转变为观看对象后带来的结果，比如科学家面对一张卫星遥感图时的态度，鲜活的地方沦为了数据。最后，"存在的外部性"是指人身处一地却完全不属于此地的绝对疏离状态。就像加缪在小说《局外人》里描述的状态一般，不管主人公做什么事，哪怕是因杀人而被判死刑的当下，人物、事件与环境都与自己无关。上述三种外部性都无法参与到自我认同的建构之中。

尽管"不自觉"对应着人对环境的原始领会，指向本真的地方，而"自觉"对应着人对环境刻意而命题式的设计，指向非真的无地方。但加缪笔下的"局外人"似乎又显出一个悖论，即：创造地方的自觉性越高，反而会造成自我认同在肤浅苍白的无地方中不自觉地死亡，这似乎也是当代景观的悖论。对此，雷尔夫认为由于当代景观只是一种简单且虚构的迷思，所以它"不会包含辩证关系，也不会有任何超乎行为自身以外的意义。因为它没有任何深度，所以组织起来的世界也没有任何对立和矛盾，而只是一个宽广直白的世界。虚构的迷思所建构起来的是一种欢快的清晰感，任何事物看上去只是事物的本身而已。"换言之，当代景观已经失去了符号指向的深层意义，而只是一组虚无缥缈的概念或迷思；而这样的迷思也不会令人反感，因为它不会引发人的深度思考。

莎伦·佐金指出，因本真性沦为了资本的工具，才造就了虚构的迷思，它取代了城市的历史与起源。她针对纽约谈道："越发壮丽宏伟的都市文化空间——迪士尼化的时代广场或者是时尚区、表演空间、素食咖啡店等——均许诺了'无风险的风险'般安全的兴奋点。我更倾向平常的'卡布奇诺式的驯化'的观点，原生态的地方因为开了一家星巴克或其他咖啡店，使之增添了一些审美气息，这些新消费空间背后代表着品味的影响力，它们将常住民从自己惬意的地盘赶走。"

实用主义的地方意义

"与重要的地方产生连接是人类的一项深层次需要。如果我们忽略了此需要，任由无地方的力量随意肆虐，那么未来，人类将会生活在无关紧要的地方所构成的环境里。另一方面，如果我们选择去回应此需要，并努力超越无地方，那么属于人类自己的地方所营造出来的环境，将会反映并增强人类经验的多样性。"这是雷尔夫在《地方与无地方》的结语处谈到的人类最有可能实现的两种不同的未来。

面对第一种未来——地方的死亡或"此在"（人）的死亡——雷尔夫毫不犹豫选择了后者——去超越无地方。但，如何超越，才能让人在一个地方中的根性与关怀得以培育起来？答案依旧不明确。与其说该著作是在最后尝试提出一套解决方案，不如说是发出一道克服无地方的宣言。

雷尔夫认为，最为理想的"不自觉的本真"的地方设计要求人们重拾远古时代的单纯，而这在现代社会里几乎难以实现。所以为了克服无地方，就不得不对地方开展"自觉而本真"的设计。其中包含两个原则：第一，要意识到每一个地方的独特性，每一处场所都应该因自身的优点而被设计出来，而看起来相似的地方应采取完全不同的设计方法；第二，地方的秩序应来自于人类自身的重要经验，而不是从武断的抽象概念——如规划图纸中得来，因为我们需要的不是一套精确的数学程序，那样的话，人类的生活环境只会被当作一台大机器。

2009年，雷尔夫将上述原则进一步提炼，总结出一个名为"实用主义的地方意义"（A Pragmatic Sense of Place）之概念，在一篇同名的论文里对此作了具体阐述。"实用主义的地方意义"大致有两方面的内涵：第一，该地方意义既包含了对地方独特性的欣赏，还能充分理解地理时空的延展性（比如与无地方之间的关系）；第二，它不属于理性主义的范式，因为它关注的只是事实与后果。正因为关注的是事实，才需要回到日常生活的经验场中去展开思考，由此拟出设计方案。也正因为它不属于理性主义，这样的地方意义才拒绝了一切先验而既定的科学主义意识形态与理论范式，反而从最素朴的事实经验出发去寻找问题的解决方案，尽管这样的方案不一定最优，但却是从具体的环境同具体的个体与群体的讨论中获得的。

倘若与多琳·马西提出的著名的"全球地方意义"（或译为"全球地方感"）作比较的话，可以看出，实用主义的地方意义的第一方面与此相似，两者都提倡诠释地方性与全球性及其相互间的共生关系。但若从第二个方面来看，则会发现两者的出发点迥异，全球地方意义致力于地方的解放，企图将地方打造为对抗新自由主义的阵地；而实用主义的地方意义则立足于经验，强调生活世界里的事实本身，反对既定的意识形态对设计方案的框定。换言之，实用主义的地方意义强调以当地人的生存经验本身来开展地方设计。

无地方与非地方

"无地方"同"非地方"在内涵上存在诸多相通之处，且都指向本真之地的消亡，常常彼此替换。所以有必要对二者做一简单比较。

按照人类学家马克·欧杰的观点，非地方强调两方面的消失：传统社会中"契约义务"（contractual obligation）和"时序联系"（chronological connectivity）的消失。

首先，传统社会都拥有建基于共同价值与信仰的集体契约义务，进而指导成员的行动；而在现代社会里，以机场、高速公路、超市、ATM等场所构成的非地方则直接通过指示、代码、数字来指导个体的行动。由此，单个人之间不再产生契约关系，单个人直接通过这些指令即可开展合乎规则的行动。其次，传统社会里的物质和文化都与历史相连，具有时序性，进而营造出地方的归属感；但现代社会的非地方则将人与历史切断，时序性消失，地方的归宿感不复存在。同时，马克·欧杰还指出，地方与非地方彼此不能相容。所以，非地方的核心特征在于人的原子化。概括起来，无地方强调地方意义的消亡，其原因在于地方的营造从"不自觉"朝着"自觉"的转变；而非地方则强调人的原子化，其机制在于传统社会的"契约义务"和"时序联系"在地方中的消失。而同时，雷尔夫与欧杰又分别从各自概念的内涵出发对虚构的迷思展开了反思，构成了两个概念的相互观照。

欧杰在《非地方：现代性人类学导论》里认为，虚构的迷思源于超现代性："超现代性将古老（将历史）变成一场特殊表演——仿佛包含一切异国风情与所有地方本位主义……超现代性的非地方当中，始终有个特殊的位置（橱窗、海报、在机器右边、在高速公路左边）是留给这类'珍品名胜'的：象牙海岸的凤梨、威尼斯总督之城、丹吉尔城堡、阿莱西亚遗址……假如非地方是超现代性的空间，超现代性无法声称与现代性有同样的野心，一旦个体聚集，他们便会组织社会并规划地方。超现代性的空间则被逆向操作：它只与个体（顾客、旅客、使用者、阅听者）打交道，而他们只需在入口或出口确认身份、社会化与定位（名字、职业、出生地、地址）。"因此，在欧杰看来，超现代性的迷思与人的原子化息息相关，它就像"一个巨大无比的括号接纳日益增多的个体"。

而在雷尔夫看来，迷思在无地方里的意义仅限于虚构迷思的意义本身，而不指向任何地方的根性与历史。因此，人就生活在一个宽广直白且无深度意义的世界里。

所以笔者认为，无地方与非地方的内涵可以在对现代社会虚构迷思的反思中相互结合，彼此观照，形成"意义的消亡"与"人的原子化"相辅相成的诠释，在人的生存论层面上去有效揭示（后）现代社会的困境。

英国厨房空间简史

王晓璐 任翔

世界上不同国家最早的厨房形式,几乎都是由室外篝火堆慢慢演变而来。这些室外明火烹饪区甚至都不能用现代术语"厨房空间"来简单诠释,但却在功能上起到了降低室内火灾风险和保证室内空气质量的作用。18世纪之前,欧洲大陆各国的厨房都不曾在空间及设备技术上有较大的突破,直到蒸汽能源的使用及烤炉设备的不断升级,厨房作为一个建筑空间的革新才算正式开始。18世纪末,出生于美国的英国物理学家、发明家拉姆福德伯爵(Count Rumford, Benjamin Thompson)提出了厨房灶具的创新理念:用砖石砌成多个空心小炉灶,并把它们以马蹄形排布,厨师站在马蹄形中间,方便照看各种锅具。每个炉灶有各自独立的送风口,连通着墙面内的烟道,以满足空气流通。同时,厨房的墙面上仍然保留两个封闭式壁炉,壁炉与多个小炉灶浑然一体(如下图)。1800年,拉姆福德伯爵进一步更新了他的设计:用铸铁代替砖石

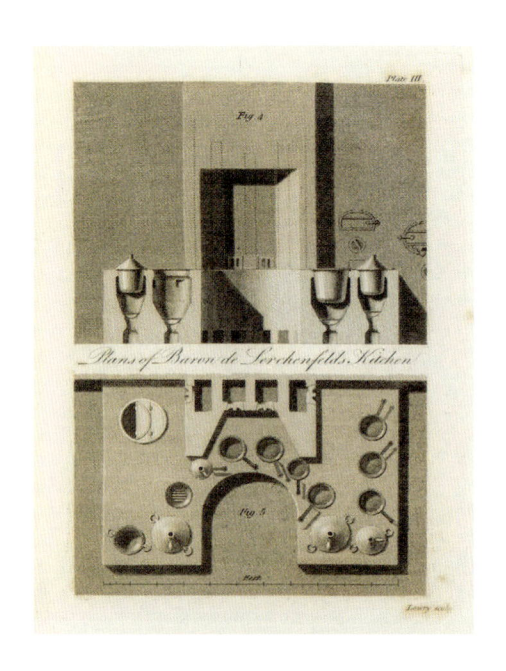

1797年,拉姆福德伯爵为巴伐利亚贵族设计的厨房方案。马蹄形砖石灶台,将开敞式的明火炉灶转化为封闭而易于操作的众多小炉灶,各自独立的通风烟道,保证了小炉灶的使用效率,整个操作台还包括两个烤炉和一个热水锅炉

左：水彩画《温莎城堡的厨房》，收录于威廉·亨利·佩恩（Willian Henery Pyne）的《皇家住所的历史》(*History of the Royal Residences*, 1816—1819年) 第一卷中

右：1855年，英国温莎城堡现代化更新后的陈设¹

建造更小巧的灶台，还倡导用蒸汽做饭，甚至鼓励使用双层蒸锅来充分利用能源产生的热量。至1840年，该系列灶台已经衍生出独立的铁质炉具设备，这让使用者不需要再依赖以往那个巨大且不可移动的砖石材料堆砌而成的壁炉，而采用体积较小且可灵活移动的铁炉设备，让厨房的空间布局更灵活。

英国维多利亚时代温莎城堡的厨房是这一工业化进步的最好体现（如上图）。19世纪初期，虽然人们对厨房烟火味有着执着的喜好，但为了不让气味影响女王的生活起居，温莎城堡的厨房一开始就被安置在远离王室生活区的城堡一侧。古老的厨房内，巨大的穹顶天窗下，沿墙砌着数目众多的开架式明火壁炉。烹饪期间产生的烟气，在偌大的厨房空间内肆意蔓延。厨房外侧依附着大大小小的辅房，有的是管家和仆人们的房间，有的是食材储藏室及冰室。然而，到了19世纪中期，随着蒸汽时代的到来及铁质灶具的普遍使用，温莎城堡厨房山墙两侧的壁炉已

1　Charlotte Baden-Powell, *Architect's pocket book of kitchen design*. Routledge, 2006.

卷二　食物与地方　057

戴维·威尔基（1816年）的著名绘画作品——《墙上的兔子》(*The Rabbit on the Wall*)
图片来源：《英国厨房的诞生》第106页

被砖石完全封闭，取而代之的是众多小巧且布置灵活的灶台。同时，煤气照明系统也被装进了厨房，唯有最远端的壁炉被保留了下来，并更新为封闭式壁炉。虽然温莎城堡的厨房也毫无例外地被机器时代所改变，然而厨房不曾改变的是，中央保留了那张巨大的桌子，以及上面暂时摆放着的琳琅满目的食物。作为一个宽敞的食物加工、操作空间，厨房依然是繁忙的工人们围绕食物各司其职的地方，厨房大厅也仍然是工人们日常生活的中心。虽然仅从英国史料上看，厨房里不曾发生过任何重大且足以影响世界的事件，甚至在古典建筑设计中，厨房设计也处于无足轻重的地位，但是厨房却自此逐步参与并体现着英国社会文化生活和建筑科学技术的发展与变革。在现代主义早期，厨房不仅是每个英国家庭非常重要的生活空间，是家庭主妇烹饪和准备食物的区域，同时也是居住者用于社交甚至开展工作的重要场所。正如萨拉·潘内尔（Sara Pennell）在《英国厨房的诞生》[1]一书中描述的那样，女性是厨房空间的主要使用者，无数个白天和夜晚，女主人在这里繁忙地准备着日常餐食，同时兼顾照看孩童。尽管这个场所未必宽敞、华丽，却毫无疑问是家人之间互动交流、联络情感的重要场所。又如戴维·威尔基（David Wilkie）画中所描绘的典型情景：即使在非常拮据的条件下，厨房空间也可承载一个家庭最美好的天伦时光，譬如手影兔子也足以让整个家庭充满欢乐（如上图）。

1　Sara Pennell, *The birth of the English kitchen, 1600–1850*. London: Bloomsbury Publishing, 2016.

19世纪末，英国掀起了数次女权主义运动，号召女性团结起来对抗父权制，积极主动改变社会女性受压迫、受歧视的不平等局面。[1]其中的主要代表人物有著名哲学家约翰·斯图尔特·密尔（John Stuart Mill, 1806—1873），其代表作《论自由》于1859年问世。密尔认为个体只要不威胁及伤害他人的根本利益，就应该有行动与言论自由，并且他人及社会均不得加以干涉；只有当个体的言论及行为危害到他人利益时，该个体才应该受到社会及法律的制裁。该"自由论"对西方古典自由主义影响甚广，也在1903年第一次被介绍到中国。其后，在《论自由》的基础上，密尔又出版了《妇女的屈从地位》（1869年），从自由竞争的观点出发，密尔认为维多利亚时代的男性对女性存在巨大偏见，女性应该享受和男性一样的选举权，同时女性也应该有自由选择离婚的权利。

厨房也因此成为女权运动的一块新阵地。英国学者弗里丹、格里尔等鼓励女性不要做"行尸走肉般的家庭主妇"（housewife-zombies），应该从厨房的主要劳动力中解放出来，寻找自己的社会价值。有一部分英国妇女响应这样的声音，拒绝再成为厨房唯一的使用者。原本厨房空间几乎承载了她们日常生活的全部，烹饪、清洁、照看小孩、会友、夫妻交流等，但从此以后，厨房不再是女性的独有空间，它被逐渐精细化，与家庭单元里的其他功能空间交融。但是，有一部分妇女在女权思潮的影响下，没有选择离开厨房，反而更加融入其中，仿佛把厨房变成了自己的另外一层皮肤，与自己的身份认同相连。她们在厨房中找到了归属与平等，用自己的个人喜好和审美品位装饰属于自己的厨房，根据个人的习惯重新设计厨房的流线布局，并大胆使用先进的工业化设备来提高厨房作为食物生产空间的工作效率。这类女性也把家庭厨房视作私密专属的空间，同时也是她们休闲会友、接受新知识、统筹家庭的重要场所。由此可见，无论妇女以何种形式回应女权运动的浪潮，作为英国家庭单元里不可或缺的厨房空间，也毋庸置疑受一波又一波席卷整个西方资本主义世界的女权思想所影响，从而自觉或不自觉地进行着有关女性视角的空间更新与转变。

其中便有迅速涌现出来的"开放式厨房"理念。该理念在美国著名建筑师弗兰克·劳埃德·赖特（Frank Lloyd Wright）于1933年设计马尔科姆·威利的住宅时被首次提出（如下页图）。在赖特的私人住宅项目里，因为所有房主都有长期的

1　王恩铭：《二十世纪美国妇女研究》，上海外语教育出版社，2002。

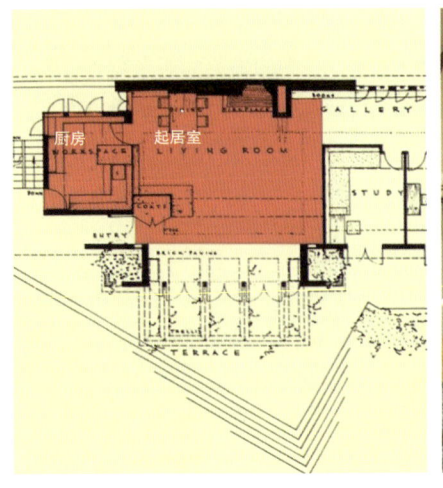

美国明尼苏达州明尼阿波利斯市的马尔科姆·威利之家（1933年）

家政服务人员，所以厨房空间通常不列入私宅的整体化考虑，而是在功能和装饰艺术上被分离出去。但在威利夫妇的住宅里，赖特观察到，夫妻双方属于社会中产阶级，且都在大学里工作，他们会经常在家里举行社交聚会。由于他们没有家庭保姆，所以夫人不得不自己准备聚会的所有餐食。"开放式厨房"应运而生：厨房与客厅之间舍去实墙，用镂空的置物架做功能上的分割，让威利夫人在备餐的同时又能与客人保持视线交流。为了体现厨房空间在使用上的升级，赖特甚至用"工作区"（work space）来代替"厨房"的传统称谓，以此彰显"开放式厨房"与传统厨房的差别。"开放式厨房"的全新理念，也在英国住宅中迅速流行起来，时至今日依然是英国住宅中的主流样式。

与独栋别墅相比，第二次世界大战后集约高效的集中式住区（estate houses）开始在英国出现，并备受政策制定者和较低收入者的喜爱。在现代主义的主流审美标准下，采光和空间感是这个时期英国住宅建筑设计的执着追求。但不断增长的土地成本，让建筑设计矛盾重重：建筑师既要满足住宅丰富的空间感受，又要最大限度地节省土地成本。最终只能在狭窄的地块内找到两居室和三居室的理想平面（如下页图）：比较私密的卧室被统一安置在二层，一层用巨大的起居室（休息室）替代以往的传统客厅，和厨房及餐厅空间直接相连。[1]美国作家戴安娜·吉

---

1 Chapman, T.and Hockey, J.L., *Ideal homes: social change and domestic life*. Psychology Press, 1999.

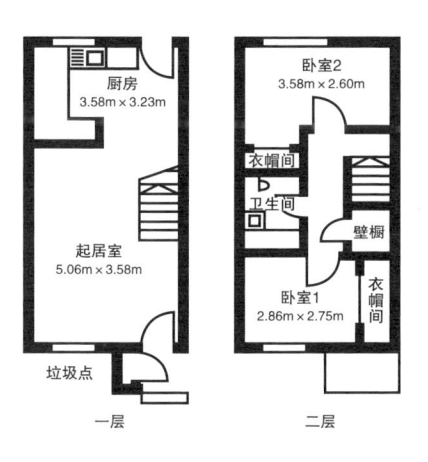

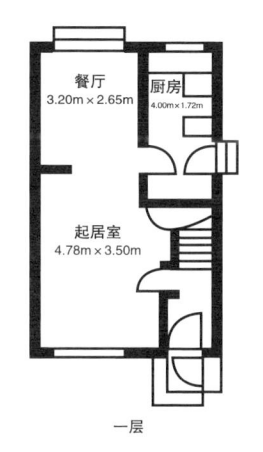

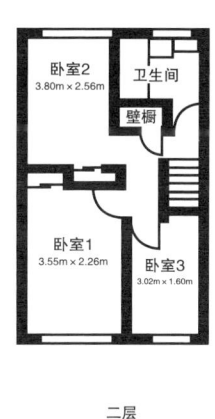

第二次世界大战后英国集中式住宅典型的两居室（左）、三居室（右）一层及二层平面图。

廷斯认为，这样的户型充分呼应了当时追求男女平等的社会现象，因为以往的客厅是男性社交最正式的专属空间，现在被入户即可抵达的起居室所替代，并允许家庭中的所有成员以及客人共享此空间，这是前所未有的改变，充分体现了平等与自由的社会意识形态。此外，厨房与起居室直接相连，增加了男性在家务活动中的主动性。[1] 在"开放式厨房"理念的影响下，人体工程学与现代科技的助力，让厨房空间更为高效又省力。第二次世界大战后的英国，厨房开始成为一个值得女性骄傲又能让女性得到充分尊重的建筑空间。

如同其他高技派建筑一样，当代英国的家庭厨房也被科技持续更新并改变着：现代化、智能化的电器设备被普及；无论是开放式抑或是相对独立式的厨房空间，都会因其在家庭空间单元中有着更多的火灾安全隐患而注重当代科技化管理。此外，厨房设计也会充分考虑不同群体的需求，如无障碍设计让行动不便的老年人或使用轮椅的残疾人依旧可以进行厨房日常操作，在厨房产品配置及空间设计之初也会慎重考虑孩童的友好适应性。然而，越来越人性化与高科技化的背后，依然隐藏着父权制视角（patriarchal gaze）下厨房空间的构成、使用和社会意义。开放性厨房

1　Gittins, D., *The Family in Question: changing households and familiar ideologies*. 2nd ed. Macmillan, 1993.

卷二　食物与地方　　061

在英国新住宅里的普遍使用，让女性实现了与男性在空间上的对等交流，然而这种空间机制的背后，仍然是女性依赖男性凝视的现实，因此从某种程度而言，当代英国厨房依然遵循以男性为中心的空间解读。[1]

古往今来，英国建筑厨房空间的发展与变迁始终随着文明社会发展而处在不断改造、更新的状态。厨房的空间史可作为一面解读英国人居、性别与社会之间多维互动关系的透镜，值得通过建筑学、社会学和人类学等多学科视角进一步观察与研究。

1　Johnson, L. and Lloyd, J., 2004. *Sentenced to everyday life: Feminism and the housewife*. Oxford: Berg.

食物的田野

关于食物的乡土研究和传播 王国慧

引子：草木有本心

让我先来说个故事吧。在没有短视频，连书本都是奢侈品的前现代，有位自甘在野的读书人，发愿要编一本小书——让目不识丁的草民百姓，或看或听，能懂能传，救荒救命的小食谱。"碎米荠，如布谷，想为民饥天雨粟。官仓一月一开放，造物生生无尽藏。"这位自费采、证、写、画、编、印的王西楼先生（1470—1530）是江苏高邮人，高邮自古为水陆交汇之地，当时江淮时有洪涝饥荒，难民流离失所，又常闻有因误食野菜身亡之事，这位先生就发心要为他们编一本实用的小书。

工作的第一步，当然是整理已有的研究文献，借鉴经验。说起来这也是中国的一个学术传统，我们有本草学，也有荒政类、救荒类的书。比如在王西楼出生前60多年，明成祖朱棣的弟弟朱橚也编过一本《救荒本草》。

《野菜谱》王西楼（明）

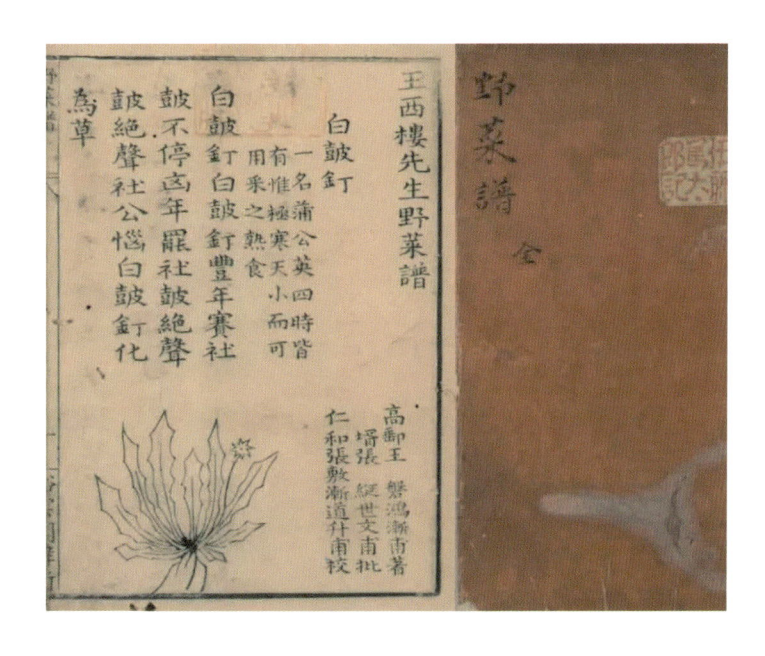

卷二 食物与地方 063

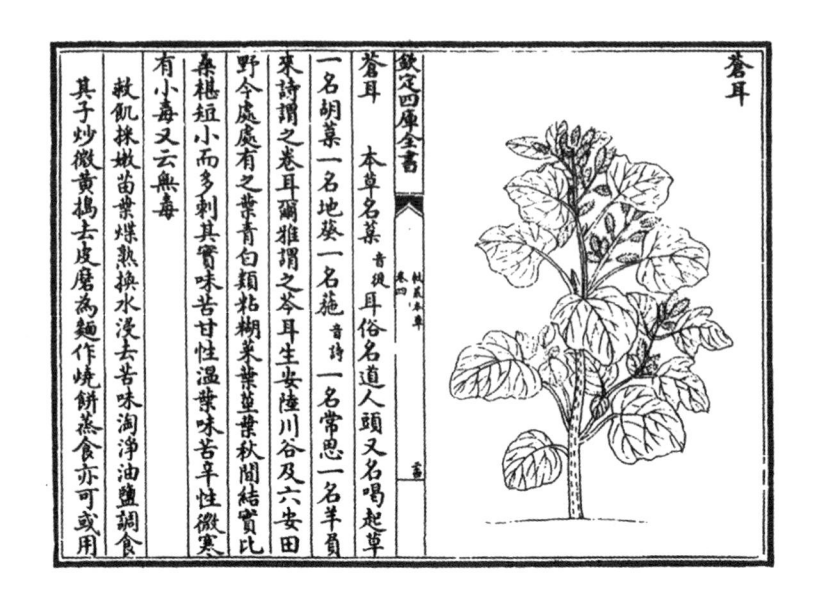

《救荒本草》明永乐四年（1406年）刊刻于开封，编著者朱橚，我国历史上最早的一部以救荒为宗旨的农学、植物学专著

但其实大部分老百姓是看不到书，甚至不识字的。况且即便同一种植物，在不同地方的性状、功用、名称都会有不小差异，也无法直接套用。

第二步，王西楼就去实地勘访，请教有经验的乡亲，遇有争议，便亲自尝试，这样一一亲证之后，他记录了60种他认为安全可食的野菜。第三步，要有配图，方便不识字的人辨识，这些图也都是他自己画的。第四步呢，当然要做基本的植物性状描述，所谓格物致知，亦可教人多识些字。不仅如此，他还要给这些野菜配上三字歌诀。为什么要编歌诀呢？朗朗上口好听好记，这里没有什么炫技的成分——虽然他正是所谓"南曲之冠"。他所想的是为了让老百姓可以传唱开来，一传十、十传百，这才是本"致用"的书。

我们来看这一首《白鼓钉》。"白鼓钉，白鼓钉，丰年赛社鼓不停，凶年罢社鼓绝声。鼓绝声，社公恼，白鼓钉，化为草。"这唱的是哪一种野菜呢？原来是蒲公英。短短一首歌谣里充满了戏剧性的张力，又凝练了非常深的文化信息，可以说是一份珍贵的农业文化遗产。在看天吃饭的乡土社会，人们从农业生产中生发出来的那种对天—地—人的关系，甚至是人与草之间那种微妙的——用我们现在的话说"超物种"的关系的理解，那种热烈恳切的期盼、恐惧与信仰，包括那种舍生取义的精神，草蛇灰线，都藏在这个歌诀里，让我们这些后代，在采集蒲公英的时候，除了互联网上似乎随手可得的植物学知识，还可以去感知和接近一些被遗落的，然而却是我们这块乡土上所孕育的、更隐秘更深厚的联结。

因此在2022年的一些特殊的日子里，当我在上海的公寓楼周边寻找野菜的时候，我的脑海里常常会浮现出这本小书里那些叮叮咛咛的字句。想到我们的西楼先生，他确实是用心良苦地在为依赖这些野草与这片荒原的百姓们着想。而这些用心，都被成功地播种在了他的作品里，不仅有知，更甚有情——在我看来这绝对是一本好食谱，或者说"食物传播"的典范，即使是在500年后的今天。

人皆能饮食，知味者鲜。究竟什么是"好"的食物和"好"的传播呢？这是一个可以并且应该有更多讨论的问题。因为如果没有一种健康开明的舆论环境，所谓明智的认知与理性的消费，甚至"消费变革世界"的善意与雄心，基本是不可能完成的任务。也只有通过开放的讨论和反思，才能不断纠偏和改善我们当下的传播与沟通方式，营造起一个关于食物权益的公共空间。

一、食物的认知与传播

英谚 "You are what you eat"（人如其食），中国人爱说"民以食为天"。什么是"天"呢？我觉得也可以这么理解，是我们人类在被给定的天地里，又用食物给自己做出来了一个"天"。食物本身即是媒介，借此媒介，人与人，人与物，人与境，相互塑造。那么，我们现时代的食物里又是怎样的一番天地呢？

01 食物的景观：舌尖何以清远

这是《舌尖上的中国》第三季的一幅推广海报。只看这张海报，这种气壮山河、丰衣足食的大国风范背后，其实是有一点细思恐极——凡是对于大规模工业化养殖造

《舌尖上的中国》第三季海报

成的全球健康、社会和生态问题略有了解的人，都会觉得如芒在背吧！但这一层口食之欲背后的危机，在如今各种美食博主的爆款短视频或图集之中是看不到的。

也有些忧心者会不时给我们泼些冷水。如《溪山清远》，2018台北双年展上的一件艺术作品。在一场精心布置的"山水"茶席中，张硕尹以中国文人雅士都耳熟能详的宋代名画为题，既是戏仿，也是一种冷峻的怀疑。因为我们中国人的山水画、文人画均讲究超脱的境界，张硕尹也做了一个山水屏风，前面一排茶席，侧边是分子料理台和显示屏，乍一看颇像某种结合了高科技极简风的茶席，有一种诡异的高级感。其实呢，这幅山水屏风所用的墨汁，都是由台北市各处采集来的空气样本，经分离出的污染颗粒所合成的；而料理台上所呈现的，就是这些"空污颜料"的提炼过程；视频里所播放的，正是在台北各地采集和创作的过程。所以这的确是一个"山水茶席"，又实在是一个"空污茶席"，既是概念性的，又是现实性的。而一饮一啄之间，岂有清远可以忘情？

英国建筑学者卡罗琳·斯蒂尔的《食物越多越饥饿》，也为我们讲述了食物与城市景观、城乡生活的关系史。我们怎么供养城市？城市如何供养和发展自己？在这个过程中，我们生产着自己的景观，也改变了人与人之间的关系。作者用大量英国人日常生活中习焉不察的细节，试图让普通人理解这种食物景观的历史变动及其代价。比如你去参加一个全国苹果品种的传统竞赛，可以看到300多个品种的苹果，可是我们平时在超市里最多只能买到3种苹果。为什么？还有究竟什么是"新鲜"？超市是怎么去打造"新鲜"这个概念的？

卡罗琳最后的呼吁是，我们必须建立一个未来的"食托邦"——以食物为一个纽带，去建造一个新的乌托邦。她认为食物可以成为维系我们感情的纽带，方法是把消费者变为协同生产者——这也是我们现在很多理想主义的食农工作者都熟悉的愿景了。可是，消费者怎么才能转变成协同生产者呢？首先他得有这个意识，之后他还需要能正确地行动，"协同"性的行动。这就又麻烦了。什么才是正确？如果你有你的正确，我有我的正确，怎么个协同？

《溪山清远》 张硕尹 2018台北双年展
（摄影：王国慧）

卷二 食物与地方

我们以前说"知易行难",现在是连"知"也不易了,因为所有的解决方案都变成了一种消费营销,而"后真相时代"的媒体环境又前所未有地放大了这种信息紊乱。比如我们刚说吃肉有问题,好,专家告诉你又有新革命了,就是人造肉;我们刚知道水污染、土壤污染,好,又有人说又有新突破了,只有大规模垂直农场无土栽培可以拯救地球⋯⋯你会发现我们面临的很有趣的一点——一些麻烦制造者,他们却用最大的声音推销新一轮的解决方案,同时,又一如既往地不会告诉我们可能为之付出的成本和代价。

02 食物的里程:可见与不可见

迈克尔·波伦所著的《杂食者的两难》中讲到一点,我们之所以做不了正确的决定,是因为我们并不了解整个食物背后的关联体系。大家都知道"食物里程"——从土地到餐桌的概念,但我觉得这还只是一个物理的里程,其实忽略了很多心理的、社会的、生态上的计量。而且这个里程我们还忽略了很重要的一部分,就是从餐桌再返回到土地。离开餐桌之后,食物的里程并没有结束,它们要经历消化、排泄,这个过程里它对食用者和整个食物链、生态圈所造成的问题,这些隐形的损害和成本,都没有加入到食物里程里去。

此外,这个里程也忽略了严重的浪费问题——据美国人的统计,有三分之一的食物还没有吃就被浪费了。联合国粮农组织(FAO)曾做过一个全球食品浪费的统计:发生在食物里程前端(生产到包装完成之前)的浪费大概是46%,后端是54%。调查认为,损失发生在越后端,浪费就越高,因为你把前面累加的那些碳足迹和成本都浪费掉了,因此就是加倍的浪费。

那我们怎么才能把这些"不可见"的问题"可见化",开启社会公众的关注与讨论呢?我认为这时候,就特别需要大众传媒发挥它的社会服务功能,提供真实的信息,呈现被遮蔽的危机,而不能有意无意地去掩盖、附和一些东西,进一步割裂我们的认知,降低变革的可能。

因此,我觉得我们的食物里程中还应该包含一个认知的里程。我们跟食物的关系,最直接的体验当然是食用与劳作;再外面一层,是间接形成的知识和经验;更远一层,是关于食物的话语,这些话语包括我们的传播、表达、价值观;再远一点,就是关于食物的想象了。所以现在的我们,跟食物之间,跟生产食物的人和土地之间的距离越来越远了，实际的身体参与越来越少。这就是为什么我强调做食物工作需要"回到田野"，我们要一层一层地穿透这些想象、话语、间接的经验，尽量直接地去跟土地、食物亲身接触，就会有完全不同的体认。而这些真实的体认，正是乐趣、行动和创造力的源泉。

03 形形色色的食物传播

"食"，再度成了一个热门话题。

比如"设计"。首先是整个食品业的设计饥渴。广告本来就是消费社会的主推手，尤其在现代食品企业的发家史中，比如香烟、麦片、罐头、婴儿食品等，广告都已成为麦迪逊大道的经典案例。到了现在的"颜值"时代，市场竞争更让华而不实的食品设计泛滥成灾。当然，也有提倡"轻简"的流派，比如这款日本某设计公司推出的"一周沙拉"，这个设计从包装打通到使用场景，帮你进行了一个所谓营养学的搭配，贩卖了一整个所谓"健康轻食的生活美学"理念。看上去确实比笨重的月饼要轻盈新颖多了，可是，内容是否真的"健康"，包装又富含多少碳足迹呢？

因为意识到了现代设计本身也是问题制造者之一，设计界也涌动着反思的声响，近年来非常多的国际设计展、设计周都开始关注食物议题。

一些设计学校也增设相关专业，比如Eat Design（吃设计），就是从曾经的"食品设计"专业分化到"针对'吃'这种行为过程的设计"。荷兰设计师玛瑞吉·沃格赞（Marije Vogelzang），被认为是荷兰"吃设计"专业的开辟者，还成立了一个研究中心。她认为她设计的不是食物，而是"吃"这种社会行为，以及整个的进食方式和社会系统。

左：日本某设计公司推出的"一周沙拉"。
右：「可食用的生长」克洛伊·鲁泽维尔德（荷兰）

「吃设计」之《体积感》玛瑞吉·沃格赞（荷兰），FAO「行动造就未来」零饥饿艺术展，北京悦美术馆，2018
（摄影：朱锐）

「吃设计」之《鸡蛋交易所》玛瑞吉·沃格赞（荷兰），FAO「行动造就未来」零饥饿艺术展，北京悦美术馆，2018
（摄影：王国慧）

可视化是设计师们的强项，而且他们都非常能开脑洞，就算不能提供解决方案，至少能为我们提供一些不同寻常的思维刺激。但有时反过来也会有点担忧：在食物现代化的历史中，我们不仅吃什么被人设计（代价不菲且前景堪忧）了，现在连怎么吃都有专业人士要来帮我们做设计了。那我们自己的主体性都到哪儿去了呢？

再来看看美国摄影师阿里札·叶利阿扎罗芙的作品——Waste Not《物尽其用》。其实照片中的所有食物都是她从纽约布鲁克林一个超市外面的垃圾箱里找到的。然而经其摆拍，这些被超大都市的食品链所加速废弃的食物，焕发出荷兰古典静物油画般华丽庄严的效果。

《物尽其用》Waste Not，阿里扎·叶利阿扎罗芙（美），FAO［行动造就未来］零饥饿艺术展，北京悦·美术馆，2018

事实上，摄影师的工作绝不只是去翻翻垃圾箱、装盘、打光、拍照这么简单。这是一个自2010年延续至今的系列作品，对于关注当代的食物和农民生态的叶利阿扎罗芙来说，这些"古典"影像所折射出的，是她对这座城市日日夜夜所生产的废弃物，所伴生的各种"剩食拯救行动"的记录。如果评估一下叶利阿扎罗芙的传播效果，我们会发现，除了艺术和美学、社会学的意味之外，更重要的是从食物的角度教育大众，对于一般观众来说，每张照片里的食物都是和真实的故事、和更广阔的社会现实紧密联系在一起的。她的作品说明里会告诉观众这些食物的来龙去脉，引发观众去搜寻背后的故事，比如，在餐厅里吃剩的牡蛎壳都去了哪里，和纽约港的安全用水又有什么关系？

但这并不是说我们中国人就做不出好的视觉设计。比如这幅民间木刻版画《不吃牛》，它原本是在寺庙中免费流通的小传单，采用中国传统民间艺术的手法，以诗文联字成画，颇雅俗共赏。

还有《康熙御制耕织图》。"耕织图"也是我们中国传统的一种"劝农"媒介。当年康熙南巡，有人给他献书，其中就有这一套宋版耕织图。康熙看了非常感动，这感动里固然有"劝农"立国的政治意图为基底，但他也是真切感受到了图文所述的耕织稼穑的艰难。他特地题诗，再让内府刊刻

卷二　食物与地方　071

民间木刻版画《不吃牛》

发行。我想这就是从宋代到清代甚至到现代，"耕织图"这种食物传播形式之所以能够打动人心的一个重要原因。无数文官、匠师，甚至帝王都在为农民发声，这些诗、文、画都有种一脉相承的体恤和珍惜在里面，有一种和土地没有割断的生气相通在里面。这也是一种我们传统的、本土的食物传播的范例。

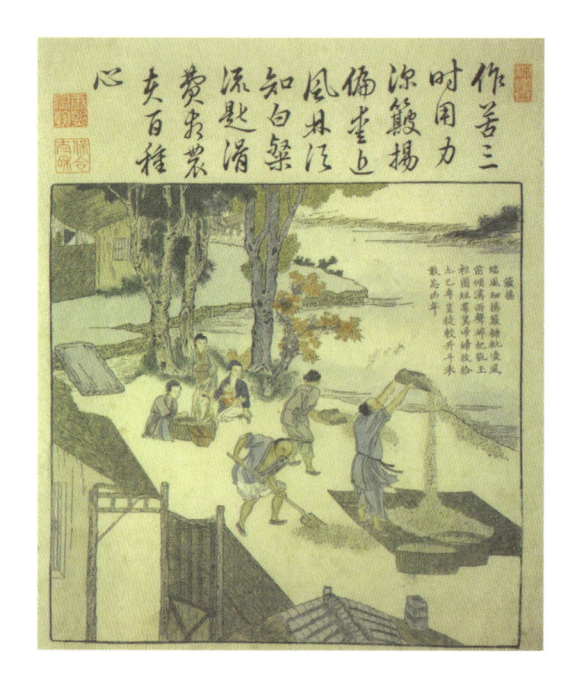

康熙御制耕织图之《簸扬》 乾隆年间墨印彩绘本 焦秉贞绘 楼璹原诗 康熙题诗

二、食物的乡土研究

要讲求"好"的食物传播,就一定要做"好"的田野。

首先田野才是食物的根基,这不只是一个情怀问题。同时作为一种方法,田野调查也是传播内容生产和知识生产的重要前提。我所说的传播者角度的田野调查,和专业的人类学田野调查有所不同,但都强调以亲身调研的一手资料为基础,要实地并尽量深度地进入一个社区,进行参与式的、持续性的观察。相对而言,传播者的田野调查,在实践中的手法更为整合,需要有跨学科的视野,借鉴人类学、社会学、新闻学、博物学等经验。但是务必遵循专业操守和一些伦理共识,比如尊重当地民风民俗,尊重采访对象的知情权、隐私权等,这都是基本的伦理规范。

还有我们的传播目的,我认为如果是有志于服务社区、服务社会,而不是只为了满足自己的好奇心,或只为创作个人作品,那么这样一点"公心",就是田野中非常关键的"定海神针"——能帮助我们"知止而后定",把握尺度。

01《食物与心脏》:"把握内心"的柳田国男

在日本,"民俗学之父"柳田国男(1875—1962)最早明确提出"乡土研究"这个词。他提出乡土研究的第一要义是了解"常民"的生活,目的是"救世济民"。既然是常民生活,那么食物当然不可或缺。这本《食物与心脏》,也堪称他的代表作。

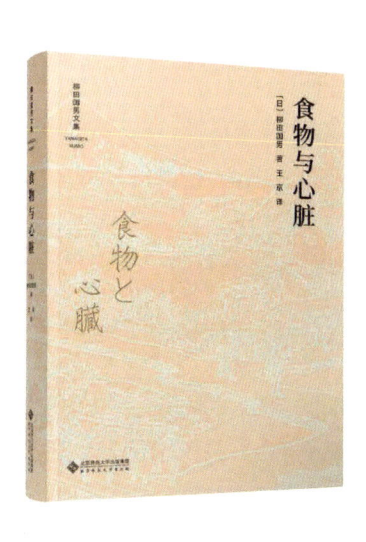

《食物与心脏》封面

柳田认为乡土研究的必要条件，就是要有新的疑问、新的方法。新的疑问是不满足于已有的答案。我们提出问题，经常遇到不假思索的回答，这个时候，你不能因为是专家这么说、媒体这么说就满足了，你一定要有新的疑问，所以就算你到当地去，当地人告诉你的一个答案——可能是想当然、拍脑袋的答案，你不能尽信，一定要有新的疑问。

所谓新的方法，他针对当时的日本社会状况，提出"比较"的方法——各个地方要比较，老的书、新的知识之间要比较。这个对我们现在做食物调研也是非常重要的。比如很多地方都有油茶、蜂蜜，那你的蜂蜜和别处的蜂蜜有什么不一样，你这方的油茶跟他那方打的有什么不一样。就是在一种非常详细的比较里，食物里所凝集的那些现实关系才能被真正挖掘出来，才能够向我们揭示出更完整、更真实的生态信息和社会关系。

柳田还特别提倡系统与分工。所谓系统，就是他认为每个地方的人都深耕当地文化，这是很好的，但有一个问题，容易闭目塞听。柳田说到，当时在日本忽然间大家都去做乡土研究，每个地方的人都在做自己的事情，但过一段时间一看，进步很慢，为什么？因为相互之间都不沟通，有时候遇到同样的问题也不知道，很多都是重复做工。如果这时候有及时的沟通，可能对共同的疑惑有更快更好的解答。所以，要尊重和善用同行的经验，避免重复劳动。但同时你又必须要尊重他，要让他觉得自己劳有所值。柳田建议做全国的索引分类，这样可以方便工作上的分工配合。

"把握内心"，这个词也是柳田的一个特点，他一直在说我们做民俗研究，其实就是把握人的内心。但怎么才能把握？一定要内外配合。柳田说，很多乡土上的事情只有当地人去做调查才行，他有足够的时间、方便的语言、熟识的感情及很多社群内部人才能懂的东西，然后我们内外配合着来共同工作。还有一个必须把握的要点，是词汇——《后狩词记》，就是专门讲日本一个地区的猎人所用词汇的书籍。

02 传统风物宜子孙：《汉声》的食物编辑

在出版界获奖无数的台湾汉声杂志社，从成立至今已经52年了。《汉声》的报道取向，可以说是"中国的，传统的，民间的，活生生的"。之所以有这样的设定，是因为在创刊之初，汉声的年轻人已经深切感受到了现代化浪潮中各种让人心痛的传统文化的断裂，与中西交流的失衡。黄永松老师曾对我说，"那些存在博物馆里

"汉声四君子",左起:姚孟嘉、奚
淞、黄永松、吴美云。
(供图:《汉声》)

的文物,已经有官方的、专门的机构在做研究和保护了。可是更多的,让我们老百姓能好好过日子的传家宝,都在民间自生自灭着,再不去帮忙传下来,就来不及了。"因此汉声的工作其实是希望建立起一个"中国民间传统文化的基因库"。正因有这样的志愿,汉声一直秉承着"民间"的立场,方法上也一直是"精耕细作",而田野考察也自然成为采编工作的基础和必修课。

《汉声》的编辑们亲自去学种地,
割稻子。
(供图:汉声《稻米专辑》)

卷二 食物与地方　075

跟食品题材相关的内容，汉声杂志社至今出版的书，从册数来讲大概有36册。比如"米"系列，共计4本。

第一本是《稻米专集》，做这本书，黄老师说是因为当时台湾人都不吃米了，大家都开始吃西点，早餐吃面包，兴起许多面包店，农民种了米都卖不掉。黄老师就想，我们得吃米，尤其要带动小朋友吃米，要把整个关于米的故事都告诉大家。他们的做法不是只摇摇笔杆子，而是真的找到一户农家，找到一块田，编辑们就到那里去学种地，一年四季观察，到了秋收亲自割稻子，这样写出来的故事才有力量。

还有一本《中国米食》，既然年轻人都不吃米也不大做饭了，里面的食谱都是从哪里来的呢？《汉声》的编辑们先到敬老院里去，里面都是一些来自五湖四海的退伍老兵，或者亲自回家里跟爸妈学做饭。这样来的食谱，都是非常亲切、家常、实用的，因此就更有感染力和传播力。这本书出版后，当时有句评论是"何人不起故园情"，因为它真的不是一本简单的食谱。

再说说2012年出版的《水八仙》，讲苏州地区传统食材里的8种水生植物——民

左：《汉声》之《稻米专辑》封面
右：《汉声》之《中国米食》封面

076　碧山14　食物

《汉声》之《水八仙》封面

间叫作"水八仙",这也是非常有中国味儿的命名法。《汉声》北京编辑部也是花了两年多的时间,数十次实地考察采访,为每一种植物都做了一本书。最后还不忘再加一本《救救水八仙》,专为因当时的城乡改造而衍生的食物、生计与生态问题发声。2014年,《水八仙》获得了世界美食大奖里的"可持续发展食物单元"第二名。

黄老师喜欢说,"传统风物宜子孙",所以《水八仙》所记录和传播的,绝不仅是一种口舌之欲或地方风雅,它其实是跟我们这些当地的、跨界的乡土保护工作者站在一起,并肩作战。后续的故事令人欣慰,一家生态农场的青年们读了书,动了念,按书中线索寻访到愿意合作的芡农,尝试合作培育有机芡实。种植过程中自然也会遭遇各种新问题,比如遇到福寿螺成灾又不能打药怎么办,我们编辑也帮着一起四处求援支招,最终再一起分享他们来之不易的劳作成果。这些意料之外的编读往来,都让我确信,一个好的食物记录和传播,对它所"采风"的食物、农人和土地,是会有长期、持续的回报的。

卷二　食物与地方　077

《汉声》也非常注重方法的总结与传授。比如说专门针对工艺考察所归纳的"考工法则"。在做和农业、食物相关题材的时候，黄老师就把它稍微调整一下，变成"考农法则"。按照这样一套方法，年轻的记者编辑在工作中就得到一个有效的训练，他会比较自觉、有意识、有技巧地进入现场工作，再在工作中反复磨炼。此外，我觉得黄老师还有一个工法，就是"慢"，慢工出细活，心要沉静下来，不能贪快赶工，不能被潮流的节奏所驱赶，才能实实在在交出细活儿来。

我自己受益最深的一些经验还有：第一，"要做小学生"。比如《汉声》的总编辑吴美云老师，留学回台的高知，她采访的时候总是很诚恳地说，"我什么都不知道，请您教给我"。第二，就是黄先生跟我说的，"我们要做大编辑"。他指的是，要有大编辑的胸襟和思路。有了这样一个思维格局和编辑体系之后，再去做事情，就不会被小处的障碍局限到。第三，"做就是了"，当你发现了问题，希望有所改变，就不能太瞻前顾后。你要有这个魄力动手去做，在实际推进中解决问题。汉声杂志社的很多书，都是编辑自己边学边编的成果，比如《中国结》，里面的上百个中国结，都是姚孟嘉老师自己打的。

《汉声》总策划黄永松先生
（供图：《汉声》）

03 是传播，不是传销：斯图尔特的不消费主义

崔斯特瑞姆·斯图尔特，英国人，牛津毕业生，挺有名的不消费主义者，资深的"垃圾箱潜水者"。他非常会讲故事，当年在Ted演讲，一上来就说，"揭露全球粮食浪费丑闻的任务，从我15岁起便开始了"。然后他讲他怎么买猪，怎么用"传统"方法（就是利用学校和社区的剩食）饲养，最后还赚到了零用钱，听上去挺值得一个城里人骄傲的。但他话锋一转，说自己只触及了问题的表面，觉得自己做得还不够。我想这就是他和我们国内各种网红式、偶像型的新生活代言人的一个很大区别。

首先，他周游列国后写了一本《全球食物浪费丑闻》，产生了实际性的社会影响，推动了英国超市的改革，并得了奖。但他觉得还不够，因为现在很少有人看400多页的书了，那么就通过活动来发声。他发起了"Feeding 5000"——"一次喂饱5000人"。2009年从伦敦起始，现在蔓延到很多城市。筹集剩食，招集志愿者一起做饭给没有食物的人吃。这可以说是一个慈善行动，也是一个行为艺术，这都是为了推广一个理念——杜绝食物浪费。他还做了个潮牌啤酒Toast Ale，用超市回收的剩面包来酿酒，宣称一瓶啤酒里含有一片剩面包，卖得很好。

接下来，他首先公布了啤酒配方，号召其他的啤酒厂和消费者也来做这件事——这真的是一个很反商业反消费的行为。其次他给出一连串的备选方案。比如，第一是你自己不要浪费面包；第二如果你已经浪费了，酿酒并不是最好的解决方案——你还是要先利用你身边的食物调剂救济系统，把它提供给那些还在挨饿的人。因为用面包来做酒，从粮食热量储存的角度来说效率还是降低了。

我想这正是我欣赏斯图尔特的主要原因，虽然他有足够强烈的价值观，但他绝不企图折损或替代每个人自己思考和行动的能力。到目前为止，他都是在"传播"，而不是在"传销"；他是在最大限度地接触大众，触动他们去变成有能力去认识现实、去做更好的选择的人。我希望我们大家也都能这样，在追求正确的传播过程中，不异化别人，也不异化自己。

尾声：人人都是传播者

前面讲了这么多，不管研究的能力、设计的能力、传播的能力，最后想说的就是，我们一定要尊重专业积累，也一定需要分工协作，最重要的是，我们需要培养自己多具备一些在食物问题上的认知素养和创作能力。

博伊斯说过，"人人都是艺术家"。他的意思不是说我们都要去做那种特定的"艺术家"，而是我们每个人在自己的日常生活中，都要发挥自己的创造力。因此在"食物"这样一个人人都必须为自己负责的问题上，我想说人人都是设计师，人人也都可以是食物变革的传播者。也只有这样，我们各自的食物关切，才能真正联结成一片相互滋养、协同修复的田野。而谨愿我们这些关于食物的田野、记录与传播，能如500年前西楼先生笔下的碎米荠和布谷鸟一样，"想为民饥天雨粟"，也终能"造物生生无尽藏"。

2023年7月大暑　于上海

宁德『青草』

关于人与自然的叙事　黄佳怡

青草汤
（摄影：林舒）

材料不同、风味各异的青草汤
（摄影：林舒）

"松萝叠翠梢云峤，谷雨将零群鸟叫。离离茅舍野人家，春田耕罢群采茶。紫葺青笠穿林薄，柔筐盛来香满屋。石火新敲一缕烟，铜铛竞起千层绿。"清代叶开树写下的这首《采茶曲》展陈着旧日宁德新茶采摘的乡土景象。穿过纸面上的诗歌，今时的宁德依旧在山云环抱之间铺叙着满是自然气味的生活图景。位于福建东北部的宁德背靠绵长的东南丘陵，面朝烟波浩渺的东海海域，可谓"南北之冲，水陆要会之地"[1]。宁德境内名山秀水众多，唐代司马承祯便在《上清天地宫府图经》中将宁德霍山列为道教三十六小洞天中的第一洞天。山海之间得天独厚的地理环境孕育了这方世人所追寻的"桃花源"，也滋养了这片土地上怡然灵动的儿女。2020年8月，我作为一个陌生来客闯入这片土地，这里的一人一事都令我惊奇。本文将从此行所闻所见的草植出发，记录当地的植物饮食与文化，并希望能在此基础上进一步探寻宁德人基于人与自然关系的世界观、价值观。

一、青草炖汤

车行在蕉城区，时不时撞见街边挂着"青草汤""青草炖罐"标志的门脸，店面并

1　引自《宁德县志·舆地志》。

不大，还有些隐在小巷里，连门面也不分明。青草，是当地人对本草的称呼，新鲜的具有生命力的草本植物与采摘后简单洗切晾晒但尚未经过深加工的草药都可被称为青草。青草汤，是以青草入汤，与肉类等食材慢火煨炖而成，因其以草药为底，通常具有一些调养身体的功效，所以也可将其认为是一种药膳。

青草汤在宁德一带颇为常见，加入了植物草药的菜肴几乎是家家户户饭桌上的必备餐食。青草汤的主要食材一般是鸡、鸭、猪蹄、排骨等"大肉"，而各式青草作为其中的辅料，在文火煨炖之中为整道汤提供了独一无二的香气与口味。在虎贝镇上，从未到过闽东的我第一次品尝了青草炖鸡。炖煮的鸡肉滑嫩，原本的肉味被草药的气息掩盖，却又不是纯粹的药味，两者恰到好处地中和，呈现出独特的风味。但深茶色的炖汤一盛出来就能闻到浓郁的中草药味，入口时也满是草药的苦涩，咂摸之间却会觉得唇齿间有淡淡甘甜。青草汤不像一般的鸡汤那样有油腻感，反而清爽祛暑，连喝几大口也不会腻。据当地人介绍，青草汤的关键就在于其汤底，肉与草汤的比例要适当，多一分便浓、少一分便寡，个中要领全靠掌勺人的经验把握。

寻常人家炖汤所用的青草多是从邻近的青草摊上一包一包拎回来的。青草摊（或曰草药铺）是当地专门售卖"青草"的摊铺，店面往往极不起眼，数十种不同的干草以及草根、树皮等用麻袋装着，在十几平方米的空间里码得整整齐齐，走近一些便能闻到浓郁的药草气息。经验丰富的母亲们将这些来自田间地头、山林川泽的草植打包回家，炖煮入汤摆上桌台，于是一日之间一檐之下，一餐一食仿佛都萦绕着自然的风声。而在宁德的山野之中，山地、丘陵、河流冲积扇等组成的多样地形提供了乔、灌、草搭配的丰富植物种群。清晨，山上雾气尚重，村里稍稍上了年纪的村民就会上山采植叶、挖草根，将尚带着新鲜泥土气息的草植带回家用清水洗净，在院子里铺开晾晒，经简单炮制便又是走上餐桌的自然风味。

至于炖汤的工序与手艺，乍看之下十分简单。将洗净的青草放入锅中用冷水煮开，再将鸡肉、猪肉等加入过滤后的汤汁中炖煮至骨肉酥烂即可。但这看起来简单的炖汤也有颇多讲究与门道。"这里都是清炖，我们自己有大锅，把柴片拿去烧，用高压锅炖就是会浑浊。"讲起家里的炖汤，当地人可谓头头是道。清炖便是用白水煮草、炖肉，汤完成后再加入少许细盐等调味品简单调味即可，炖煮过程中加入姜、蒜等气味略刺激的辅料会影响汤最终的口味。同时，为了追求汤底的清澈，大多数炖汤是在草药煮开后取汤水炖肉，而非直接将青草与肉类同时放入锅中炖煮。简单的材料、简单的工序，却不是简单的手艺，大锅清炖的烹饪方

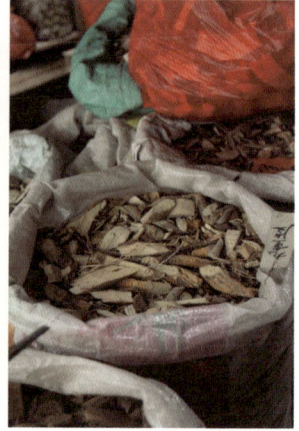

右：用麻袋分装的干草
左：青草摊一角
（摄影：林舒）

式最大限度地保留了食物原有的味道，在锅沿升腾的热气之中扑鼻而来的满是有关山川风物的想象。

青草汤的食谱原有一定的规范，什么肉用什么草来搭配，一方面取决于人们对青草功效的需求，比如夏枯草清肝明目、鱼腥草清热解毒、山苍子祛风散寒……这些在千年前就被古人记录于药典的植物气性赋予了汤膳各不相同的功用。每当家里有孩子感冒、中暑或是其他的种种不适，老人们总能知道用哪种草为他们煮水熬汤最有效果。另一方面，青草汤的原材料也是时节变化的自然选择。四时流转之间，植物生长有其自然规律，人们的生产生活与身体机能也有其自身周期，"春吃三草炖鹅，夏喝败酱草小肠汤，秋食牡蒿蒸嫩鸭"，当季的青草与当季的食补需求相结合，这些流传于民间的谚语口诀便记录了闽东药膳的专属时令。

但在日复一日的生活实践中，"青草汤"仿佛只是一道没那么多讲究的家常菜，并不是身体出现病症的时候才可以炖汤喝，四季炖肉也并没有一个需要严格遵守的青草搭配组合。作为一种药膳，汤品的调理功效在生活中好像并未得到人们的高度重视，相反，当我们问及"为什么要用草药炖汤"时，得到的回答往往是"好吃""清淡爽口""去油"等口味上直观的答案。关于"青草"的饮食，事实上也并不仅限于青草汤，人们有时也会将青草装入取出内脏的整鸡或整鸭内蒸食。此外，青草茶饮在闽东地区也颇为常见。"春天喝积雪草茶，预防痧气入体；夏天喝鱼腥草清热解毒、解暑；秋季就喝淡竹叶茶，泻火排湿。"一位畲族民医这样向我们介绍。与青草汤一样，这些青草茶也具有调养身体的功效。对于宁德人而言，青草饮食早已融入他们的骨血之中，煮草、炖汤已然是生活中一个理所当然的日常片段，并没有太多的"为什么"。最好喝的青草汤也并不需要来自大厨之手，自己家中最寻常的汤便是最正宗的味道，传统手艺在一家一户的代代相传之间成了令游子想念的文化符号。

二、青草之"气"

如前所述，青草汤以植物草药为底炖汤，往往具有祛风除湿、祛暑散寒的功效，在本质上可以被认为是一种药膳，但宁德人仅仅将其作为日常餐食中一道普通常见的汤，而非用于治"病"的药。人们对待青草汤的这一态度与当地人对身体与健康的认识密切相关。

从某种意义上说，当地人对身体与健康的认识是基于一套与近代西方医药学完全不同的理论体系建立起来的。现代西医往往将人的身体分为正常与不正常、健康与不健康等二分的状态，一旦身体出现与常态化、标准化状态不同的数据指标，那便进入了一种不正常、不健康的境况之中，即所谓"生病"，需要通过药物、手术等手段来进行医治，使身体回归标准的"健康"。而在宁德的"青草"文化里，人们并不觉得所有与日常状态不相符的身体表征就是"病"，相反，宁德当地尤其是生活

右：煮开后的『青草』
左：炖草汤
（摄影：林舒）

卷二　食物与地方　085

于相对僻远的山村中的人，几乎只将少数一些重大、紧急或有明显身体变化的疾病视为"病"。八斗村是宁德霍童镇下辖的一个行政村，坐落于大伦山西北部，平均海拔约400米，当地村民平常若遇上风寒感冒，通常会取自家储存的青草药自行调理服用，有些也会向村中有丰富草药知识的青草医寻求帮助。青草医作为本地医者，往往会自己小规模种植草药，也常有治疗风寒、中暑等杂症的独到经验。一般而言，若非遇上急病，村里人几乎不会去镇上的现代医疗机构看病，甚至并不将日常生活中身体状态的变化视作需要"治"的"病"。青草医的治疗从医者自身对草药与身体的认识出发，在漫长的时日中尝草、制药、调试，最终根据求医人身体以及他所处具体时间与空间的状态，因人制宜、因时制宜、因地制宜地治疗。[1]这一医疗模式与学者对既有民族医药组合配方、"临床试验"过程的研究基本吻合。由此可以推知，在"青草"文化乃至更大的地方医药文化，人的身体原本就处于一个动态的变化过程，"健康"与"不健康"没有一个明显的分野，更不是相互对立的两种状态。基于这一认识，具有不同气性的草药被民众当成调节身体的一种基本元素，人们将其作为维持动态平衡的介质，通过植物饮食来制衡体内无形的精、气、神，以期不断调和身体的状况达致"平衡"。

之所以选择植物性食物作为调节平衡的介质，与传统中国对食物、植物本身特性的认识密不可分。中医习惯上将食物的食性分为"寒、热、温、凉、平"五气与"酸、苦、甘、辛、咸"五味，不同的食物吃来有不同的味道，也有不同的气性可作用于体内。同样，作为食物原材料的植物也有其天然的性味归经。《本草纲目》作为一部对后世自然科学与人文科学都影响深远的医药典籍，其中每一味本草、每一条药物名下设释名、集解、修治、气味、主治、正误、发明、附方等项，"气味"一项便是对草植药物气性以及作用归属的介绍。如鱼腥草（在《本草纲目》中记为"蕺"）一条下便记载"气味：辛，微温，有小毒"。《别录》曰："多食，令人气喘。"弘景曰："俗传食蕺不利人脚，恐由闭气故也。今小儿食之，便觉脚痛。"诜曰："小儿食之，三岁不行。久食，发虚弱，损阳气，消精髓。"思邈曰："素有脚气人食之，一世不愈。"也就是说，鱼腥草味辛、气微温，可散热毒但多食易虚。这样的记载在今天的植物本草或药典之类的著作之中普遍存在，可知在中国古人的传统之中，每一株草、每一片叶、每一朵花皆有自己的气性，皆内生着勃勃的精神力。同时，《黄帝内经》中记载："心欲苦，肺欲辛，肝欲酸，脾欲

---

1 赖立里：《大自然的馈赠：味之道与民族医药》，《中山大学学报(社会科学版)》2018年第6期。

草植入药
（摄影：林舒）

甘，肾欲咸，此五味之所合也。"食物之五味恰好合五脏之所欲，在这一本体论认识下，人身体的健康实质上就在于五脏五味之调和。既谓之"调和"，便是一周流不止之状态，今日若体内入了寒气，以性温之食调之或可中补；明日若有热毒，寒性食物则是解暑妙物，这便是中药调偏补弊之理说。

青草饮食虽是闽东的地方饮食，与之一体相连的青草医药也仅是地方医药，但其"平衡"的内涵却与传统中药颇为相通。也正是在"平衡"这一原则引导下，当地人虽然普遍吃"青草饮食"，但从不过多摄入，往往是这种吃一些、那种吃一些，他们所秉持的饮食态度恰恰与"过犹不及"的传统哲学相合。这一点在中药之中也有相应的用药程度之说，性温与性热之间便有程度之差别，轻微的着凉若用大热之药就可能使身体机能的天平从"寒"的一端向"热"的一端倾斜，以致新的不平衡。

值得注意的是，身体处于气化流行的变化过程这一认识论与中国传统的阴阳观念密切相关。循着生活向传统上溯，不难发现，寒与热、男与女、昼与夜等基本的二元力量皆从万物阴阳的观念而来，人们很容易相信，如果阴阳造成了自然秩序的交错更替，那么自然也能施加力量于人体及人类生活。食物的五味、五气在这方面亦得到了区分：五气之中，寒、凉属阴，热、温属阳；五味之中，酸、苦、咸属阴，甘、辛属阳。阴阳二气于虚、满之间赢缩变化，周游循环而无定数，正是调和平衡之意。

卷二　食物与地方　　087

其实，生活在闽东的人大多对阴阳理论没有什么深入了解，也并未意识到平衡调和的观念代表了一种独特的本体论认识，但无论老少，他们或多或少都对青草的气性、配伍及疗效有些意识，上了年纪的老人则大多都能认出数种长在沟壑、岩土边并不起眼的本草，对哪种草有哪些功效也是如数家珍。这种了解来源于长期的生活实践。一代一代的青草医者用"神农尝百草"的古老方法上山采草、尝草，又在漫长的时日里亲身试验用青草炮制的草药。什么草是什么性味、有什么功用，经由这些日复一日的身体力行得到检验，又在一村一都之间口耳相传，成为人们共享的生活语言。

三、同草植共生

青草炖汤、食物分类与阴阳调和理论之间的关联，暗含了传统信仰体系在社会实践中的生活化转型与日常化渗入。很明显，阴阳二元这些遥远的哲学思想也在日常生活中被赋予了新鲜的生命力，对当地人的生产和生活产生了深远的影响。

在宁德，家家户户遍用的青草其实并没有得到大规模种植，绝大部分青草的来源依然是对天然野生本草的采集。当问及为什么不多加种植时，霍童镇一位对草植颇有了解的老村民平淡地说："哪里都有嘛，够吃。""哪里都有"是对霍童镇附近草植生长状况最直白简单的概括。的确，草木幽深的山林滋养了大量珍稀植物，种类繁多的本草也在终年温暖湿润的森林里蓬勃地生长着。至于如此丰富植物种群得以保存的原因，在自然条件之外，村民口中漫不经心的那句"够吃"也是极为重要的一方面。与村民们聊天时，我们不时便能感受到"够了就好"的坦然与朴实：煮水的青草煮开后不用扔，下次再煮依然可以炖一锅好汤；青草还有茶叶不用刻意去种、去买，路边随便挖一点、摘一点，够吃就好；以捕鱼为生的渔民甚至从未想过要把渔网织密一些多捕一些鱼，只是"当时没有这个概念，够了就好了啊"……这种"够了就好"的态度恰与前文所述的调和平衡理念相契合。阴阳周转之间，恰到好处才算平衡，某一种食物摄入过多不仅不能调理身体至最佳的状态，还有可能产生新的健康问题。宁德人对待饮食的这种态度在生活的角角落落都得以窥见，"够用"之哲学对于今天在诸多自然环境问题面前寻求出路的我们来说，也不啻为一良津。

近些年，来自大自然的伤害并不鲜见。看见山火吞噬生命，看见泥石流淹没田宅，哪怕隔着手机屏幕我们也总不免心有怵惕，于是我们或有声或无声地为"保护自

右：青草摊边的生活
中：融入信仰的植物
左：巷头晒草
（摄影：林舒）

然"举起了旗帜，也有很多人开始追问"到底该怎样保护自然"。西方的"保护区"经验被大量地借鉴引用，而实际操作却也屡屡碰壁。在山野之间的人们早已在千百年来的历史变迁中建立起属于自己的生活秩序，现实中的"保护"要比制止人们采摘砍伐、减少人们对自然环境的干预复杂得多。事实上，从宁德已然得到相对完好保存的自然环境与生活事实出发，不难发现，在中国本土的生态实践中，人类的参与从来都是保护自然的题中应有之义，宁德乡民走入山林适量采摘生活所需的草植，在某种意义上正是对山林环境的打理与保护。但这种"保护"是全然发自内心的、无意识的行为，一方面，植物本草乃至已经晒干的草药在当地人眼中皆具生命力，人与草、人与其他生命之间平等而生，在某种意义上还具有共通的生命秩序；另一方面，调和的观念使他们在采摘、食用时只取"足够"的量，维持自身身体与自然环境的平衡有序。因此，当地人并不会将"保护植物、保护生态环境"挂在嘴边，甚至心中根本没有这样的念头，于他们而言，保护自然不过是在日常化的信仰影响之下理所当然的行为结果。

或许"保护自然"原本就不是现代科学的、外在的事情，而是一个生活的、价值的取向。当你听到一位老人说"哪里都有嘛，够吃"，当你感受到他浑身上下散发出来的平淡安然的气息，你不由自主地就会相信这世界的生生不息、相信人与自然的关系就是这样简单而不需要思考。世间之事，大抵可以说是，万物视乎人心。人与自然间平衡秩序的建立更需要在人心之中寻得平衡。

卷二　食物与地方　089

《野莲出庄》专辑的概念

邱静慧 钟永丰

楔子

2016年，台湾烟酒股份有限公司（2002年以前为台湾省烟酒公卖局）宣布停购烟草，但这一次并没有遭遇太大的来自农民反对的声音。早在2001年，中国正式加入世界贸易组织（WTO），台湾地区的烟品专卖制度随之废除，继之推行离烟政策后，高雄市美浓镇农民便积极探寻在"后烟草时代"种植另一种经济作物的可能。

美浓镇种植烟草始于20世纪30年代末，并于70年代达到高峰。当时不管种植面积或户数，美浓均居整个台湾地区之冠，比重高达25%。高劳动强度、高成本、高技术、高风险，以及必受台湾省烟酒公卖局的管控与定价等特性，使得烟业成为作家钟理和笔下的"冤业"[1]，其与客家文化的生产关系也曾是众多人类学家、社会学家的田野主题。然而，烟业地景终究走入了历史。

早在1987年，台湾地区开放洋烟进口，农民已嗅出局势的急变。不久，呼应石化工业扩张的美浓水库计划引发农民的不安，当地诗人钟永丰在中国加入WTO那年，以顶真格的童谣形式，写下时代之歌《菊花夜行军》。歌手林生祥在烟楼改装的录音室里，录下了农民面对剧变与转型的艰辛。[2]

……
月光华华，心肝浓胶胶
WTO，烟仔猪仔全屌到
起债二十万，种花五分半
夜半思量起，硬起鸡母皮

---

1 引自《烟楼》，出自《钟理和全集短篇小说卷（下）》。
2 原歌词为闽南语，转成普通话后略有改动。

日光灯晕晕，菊花夜行军
啮制市场路，啮牙踢正步

1987年以来，烟业市场愈加紧缩，农民必得咬牙啮齿，另寻他路。也有一些农民心有不甘，积极抗争，为继续种烟多争取了30年（1987—2016）。到了2016年，公卖制的烟草收购完全终止，从而彻底走向市场化的道路。此时冬季的农田里，替代烟叶的，是愈渐知名的白玉萝卜、红豆、西红柿、豇豆等。其中，最特别、最具地方意义的，就是在"后烟草时代"从埤塘（即水塘，池塘）与俗称"垄地"的湿地挺起，勇闯市场的野莲。

野莲是美浓的本土水草，原生于清代即有的灌溉埤塘——中圳埤[1]，可食用的部位是它特化的叶柄，长可达150厘米。野莲产业从20世纪80年代发轫，至20世纪90年代末期，规模才一公顷，之后短短20年，面积扩展至100公顷。台湾地区热炒店、餐厅里用到的野莲，99%来自美浓。原本仅限于埤头乡下一小群农户夏季食用的野菜，竟然越出了那仅仅十来公顷的水塘，在休闲观光趋势的推波助澜下，成了美浓客家文化的新象征。

讽刺的是，全球化彻底翻新了美浓的农业生产结构，却成为野莲农业的最佳媒人。在野莲池里"参差荇菜，左右流之……采之……芼之"[2]埋首辛勤工作的，几乎全是来自越南的移民，甚或来台投亲打工的越南亲族。在《菊花夜行军》专辑中主唱"外籍新娘识字班之歌"——《日久他乡是故乡》的黎氏玉印，现在也独立种植、自产自销两公顷野莲田，支撑起她与女儿的家计。

《我庄》

2009年，永丰起了一个创作念头，想回溯他所生长的村落于20世纪50至70年代在

---

1 后改为中正湖，近年更名为美浓湖。
2 出自诗经《关雎》。野莲的中文正名为刺种荇菜，台湾地区称其为"龙骨瓣莕菜"，"荇"同"莕"。

台湾第二波现代化过程中的变迁。2013年5月出版的《我庄》专辑，开场即铺排美浓自给自足的农业节气文化与聚落地理格局，接着是《读书》及《课本》两首歌，触及现代化教育与阶级分化、爬升的关系，以及村落作为生活整体与生命主体在教学体系中的缺席。

自20世纪80年代的乡土文学运动以来，这种批判已是老生常谈。直到《课本》尾段，当生祥与合唱者以呼唤、响应方式描述长辈如何配合学校严厉执行教育工作，我们才明了《我庄》专辑的书写核心不单是关于现代化的机制、意识形态，更是其与乡民社会的"合谋"。永丰出身于以耕读传统为自豪的客家农民家族，应当深悉这种现代化"合谋"如何塑造其生命轨迹与经验。但他将视野转向以这种"合谋"为基础所发展出的惯行农法如何导致农民的生态憎恨。

在《草》这首歌中，生祥吟唱"恨"与"洒"二字长达六七秒，深切突出农民对杂草的痛恨、对农药的依赖。农民洒除草剂，就像射击土匪般，非得让杂草"总断根"。还通过农地重划，将农、水路硬铺面化与直线化，消灭野草的生长空间。农村的生态栖息地大规模消失，曾经生机盎然的农田生态系统变得寂静无声。农民的情感转变，来自美国国际开发总署于20世纪50年代在台湾设立的农村复兴联合会（简称农复会）所推行的"绿色革命"。"绿色革命"以农药、化肥为终极手段，追求高亩产，使台湾终能"以农业培养工业"。

《围庄》

但工业茁壮后，并非一去不复返。多年后它们回乡，要求远超过农村所能负担的土地、水资源与劳动力；它们回馈的不是农业发展所欠缺的资金与技术，而是殃及村落的大范围环境污染。2013年秋，经过几个月的踏访与资料翻查，永丰着手写作《我庄》第二部曲。以"欺我庄"破题，《围庄》专辑描述在"以农养工"政策的掩护下，石化工业如何利用地方派系的矛盾，侵入农业地区、伤害自然与人体、激起居民抗争，最终改变了农业生产方式与地方治理。

尽管参与过尖锐的环境保护工作，永丰的叙事并非采取二元对立的"污染者—受害者"架构。从《宇宙大爆炸》《拜请保生大帝》《农业学工业》到《藤缠树》，我们认识了受害者群体的多重社会构成、立场与环绕地方信仰的组织过程，听到了挫败与呐喊，见识了石化业者如何动员资源化解地方抗议，以及地方政府如何乘机收纳石化业者的回馈金、发展设施农业。再一次，永丰试图让我们看到复杂的"合谋"过程。

即便空气污染层层进迫，其至如《慢》这首歌中所描述的"扭曲了老人的时间感"，永丰仍努力让我们见证受害者的坚韧与反省。在《戒塑料毒》中，行动者呼吁以身作则，戒掉瓶装水。乃至于希望以最末曲《动身》纪念高雄后劲"反五轻运动"的成功——后劲人以长达20多年的坚持，终于获取迁厂承诺的实现。他们接续以"生态公园"为目标呼喊未来，冀盼清污、转化厂区，与邻近停挖水泥矿后复育成功的半屏山重新相连。

歌曲《垄地无失业》对生态复苏的深切召唤，结合了生产、生活与信仰；这首歌乃向纪录片导演柯金源致敬。在2011年的作品《退潮》中，柯金源记录了台湾西海岸的一片湿地与紧邻海岸的一个传统却最具未来性的小村落，"村民每天驾牛车到潮间带照料、采收牡蛎，依照不同的节气在田边翻耕播种，看似传统又进步的农法，已经延续了一二百年"。

《我庄》连作的开展似乎立基在一个问题意识上：如何在农村保留更富足的多样性选项，累积足够的自然、社会文化资本，以面对愈来愈不确定的、脆弱的、充满疑问的全球化时代？善于打破城乡二元对立、国族局限思考的农村知识分子，在《野莲出庄》作了尝试性的答复。

垄地是否真的无失业？诗人从野莲身世的流转，试图向我们指出，也许问题的答案仍在农村——这个镶嵌于都市与自然之间半人工半自然、粮食自给自足的故乡。《我庄》专辑的最后一曲《化胎》，以母亲年节焖制的、象征团圆的大封肉，联系象征子孙绵延、客家伙房背倚的圆拱土堆——化胎。《化胎》的余韵，似乎也隐约预示了《野莲出庄》的诞生。

《野莲出庄》

有人或许注意到，《我庄》专辑名称的英译不是My Village或Our Village，而是I-Village。若把村落视为人的本我，则从《我庄》到《围庄》专辑，永丰试图追踪村落本我面临现代化与工业化的辩证，亦即类似弗洛伊德的概念，村落自我的形成过程。那么到了《我庄》三部曲的终篇——《野莲出庄》专辑，永丰试图谈论的，似乎就是村落的本我了。

他写了11首关于村落食物的歌。这些食物是否足以代表他所生长村落的本我，恐怕得出动道行高深的人类学家及社会心理学者，方有可能得出公论。但有趣的是，永丰挑选入歌的食物，并非从"我庄最有代表性""我庄最具特色"或"我庄最美味"等流行的食物书写命题出发。

"离乡一碗，归乡又一碗"，开场歌《面帕粄》点出村民之眷恋米食。
《大封》，男孩按捺住玩性，文火慢煲年节大菜，缓缓凝聚家族团圆。
《菜干》晒出食物保存、保种之于粮食安全与农业传承的重要性。
《斛菜冇筒梗》是水稻田里两种农民吃到厌怕的野草，但久之，野涩变家香。

高雄市美浓镇野莲采摘
（摄影：连伟志）

在《对面乌》《芋仔粄》的制作过程中，照见幽微的女性与母性。

《树豆》是汉族食物中的原住民遗绪例证之一。

《豆腐牯》肩挑巡回的是村落里必需的植物蛋白质。

共桌《食鸡肉饭》，配季节凉菜，是市镇生活的悠闲日常。

《打乌子》是善旅的旱地野菜，从江南地区到台湾东部地区各有不同的称呼与做法。

《野莲出庄》记录的是"后烟草时代"，农民被全球化逼催而踏上的艰辛市场发展路。

《野莲出庄》总计11首曲目，寄情于节气与年节食物，引动着生产、生活与生态的一幕幕场景，人情味既丰厚又鲜活。

《野莲出庄》专辑曲目歌词

歌词：钟永丰　　版画：林纯用

好食毋如面帕粄[1]

考试进步几名
答谢工人煞猛
烟价缴到登真
圆环烫粄仔最靓

两块靓猪肉
乌醋辣酱油葱
安神大骨汤[2]
粄仔食到心头松

好食好食面帕粄
好食毋当面帕粄

功名不过云烟
繁华起落圆环
得意一碗
失意也一碗
放缓

功名不过云烟
繁华起落圆环
离乡一碗，归乡又一碗
心安

好食好食面帕粄
好食毋当面帕粄

1　面帕粄：面帕是客家语中的"面巾"，即毛巾。面帕粄之称，乃因制作时将米浆倒入方形浅盘，平铺均匀再蒸熟，取出犹如洁白方巾。切成细长条形即为粄条。
2　油葱、瘦肉片、大骨汤，是客家粄条的主要配方。

面帕粄

大封[1]

二十五年尾，小冬[2]无闲月
阿爸趣收成，阿母兼清洁
年三十下昼，敬忒阿公婆
姆妈伫屋背，裁好大烳锣[3]

乖乖要乖，带着老弟
贴门前纸[4]，恁大封
乖乖恁乖，滕着姊摆
贴五福纸[5]，恁大封

年三十下昼，敬忒阿公婆
姆妈伫屋背，裁好大烳锣
会社蔗[6]垫底，土鸡层猪肉
冬瓜高丽菜，豆油牵米酒

乖乖要乖，想食大封
阵党吁我毋敢动
乖乖恁乖，坐凳头仔烧柴
文火慢滚莫急愁

乖乖要乖，紧吞口水
叔伯接等归屋家
乖乖恁乖，封鸡封肉封菜
临暗上桌无停嘴

1　大封："封"为客家卤制法。美浓的传统做法是先在大锅底部放甘蔗，除了防止烧焦，也借甘蔗甜味增加菜肴香气。接着依序放上整只鸡肉、大块猪肉、整颗甘蓝、冬瓜切块等，再加入适量的酱油与米酒，以小火焖煮四五个小时。这道费时准备的封菜多出现于年节，是用来祭祖的牲礼肉类，若在平时则只出现在宴客场合。

2　小冬：时序进入10月，在第二期水稻之后，进入第三期的冬季耕作，美浓人称之为小冬，主要种植西红柿、红豆、毛豆及萝卜等短期作物。

3　大烳锣：铁铝合金制成的大锅，用以炖煮大分量菜肴。

4　门前纸：即门钱纸，为美浓年俗。做法为竖折黄色符纸，外包一张较短的"寿金"（纸钱），两端再以小红纸条箍之。年前贴好春联和五福纸，每门两侧各贴一张"门钱纸"。除夕祭祖后，逐门上香、烧纸钱，连猪栏、牛舍及厕所的门都不例外，早晚两次，以答谢门神一年来对合家大小的照顾。大年初三清早上香后撕下，在庭前与纸钱一同烧化，并口念送神文："火烧门钱纸，个人寻生理。"春节即结束。

5　五福纸：过年前，客家人贴五福纸，象征新年到来，五福降临。依照客家习俗，大门贴5张五福纸，卧房门口贴3张，室内门与窗各一张。

6　会社蔗：台湾日据时期美浓人用以称呼糖业株式会社种植的甘蔗，后来成为制糖用甘蔗的泛称。

焖大封

豆腐牯[1]

吱吱拐拐，吱吱吱吱拐
豆腐豆腐花[2]
替我庄伸腰兼报时
豆腐豆腐花
豆腐牯扛出日子发芽

等做豆腐饴[3]淑治妹
叔婆想炖大白菜
大科松热做[4]好盐生[5]
阿八姐要焖三层靓[6]

吱吱拐拐，吱吱吱吱拐
豆腐豆腐花
替我庄伸腰兼报时
豆腐豆腐花
豆腐牯扛出日子发芽

绵绵滑溜豆腐花
"买一碗好吗？"跷阿嬷[7]
豆腐是唐僧渡大众
豆腐花饆肠是孙悟空

吱吱拐拐，吱吱吱吱拐
豆腐豆腐花
替我庄伸腰兼报时
豆腐豆腐花
豆腐牯扛出日子发芽

无田无地无怨怼
像布袋针挲四季
笑容浅浅豆腐牯
小小生意起楼屋

1　豆腐牯：卖豆腐的男子。

2　豆腐花：即豆花。

3　豆腐饴：即豆腐乳，为利用真菌发酵、腌制的豆腐加工制品。

4　热做：热天工作。

5　盐生：生吃，仅蘸蒜末酱油。

6　三层靓：即五花肉。

7　阿嬷：美浓受闽南语影响之祖母称谓。

豆腐姑

斛菜冇筒梗

斛菜[1]冇筒梗[2]

圳水冷鲜
清明饮[3]禾田
斛菜冇筒梗
递生三月天

赏鹅赏鸭[4]
无就蹉土下[5]
斛菜冇筒梗
总是入灶下

猪油爆姜
翻炒加豆酱[6]
斛菜冇筒梗
野涩变家香

1 斛菜：中文正名为鸭舌草，学名为 Monochoria vaginalis，茎、叶可食。

2 冇筒梗：筒梗中文正名为尖瓣花，学名为 Sphenoclea zeylanica，茎、叶可食；茎为中空，故美浓称为冇筒。"冇"即"没有"的意思。与斛菜共生于水稻田。

3 饮：灌溉。

4 赏鹅赏鸭：采回家赏给鹅、鸭吃。

5 蹉土下：用脚将野草踩进土里做肥料。

6 豆酱：发酵的黄豆腌制品，常用以中和野菜的涩感。

卷二　食物与地方　103

对面乌

对面乌[1]

瘦夹夹[2]，对面乌
斜生崁顶路
金黄黄，七月初
树籽结满树
山阿秋箭[3]，乌廖哥[4]
叽啦头前过

目凄凄，对面乌
斜生崁顶路
知它涩，知它苦
做家大心臼
剁摘洗，煮挃[5]卤
事头贸全部
饼圆圆，腌缸浸
墙角阿姆心
有好食，毋享福
登常对面乌

几多年啊，食罅人生苦
好恬恬舌嫲恬起对面乌
从咸涩浃[6]尝出甘带甜
一时间心转念
穿过壁角行上崁顶路
一担头对到阿姆介目珠

1　对面乌：中文正名为破布木，学名为 *Cordia dichotoma*，为紫草科破布木属植物，台湾泛称为破布子、树籽。何以独在美浓称为对面乌，尚不可考。

2　瘦夹夹：瘦巴巴。

3　山阿秋箭：红嘴黑鹎。

4　乌廖哥：八哥。

5　挃：压实。

6　浃：胶黏。

食鸡肉饭[1]

行兼东市场[2]，巷仔蹉散漫
日烈白云恬，市内转松缓
行兼东市场，愿到鸡肉饭
凉菜配着时[3]，熟肉[4]切几盘

有位就坐，共桌有缘
看头家用鸡油惜饭[5]
摊橱四季[6]，风景轮变
人客像河，流过身边

行兼东市场，巷里蹉散漫
日烈白云恬，市内转松缓
行兼东市场，愿到鸡肉饭
做得足澎湃[7]，做得真简单

1　嘉义鸡肉饭是用火鸡肉，但当地多以鸡肉饭称之。

2　东市场：嘉义市最重要的市场，位于市中心东侧，多家老牌鸡肉饭散布在市场外围。

3　凉菜配着时："着时"为闽南语，合乎节气之意。凉菜做法是以季节性蔬菜汆烫后冷藏切盘。

4　熟肉：嘉义说"鲁熟肉"，台南称"香肠熟肉"。概念类似黑白切，但鲁熟肉有自成一格的经典菜色，例如炸肉卷、粉香肠、蚵仔粿、肉卷、鸡卷等。

5　鸡肉饭的重点在于米饭煮至恰到好处，再淋上各家秘制的鸡油。

6　嘉义的鸡肉饭店一般用摊橱摆放四季蔬菜做成的冷盘，如注3。

7　澎湃：丰盛。

鸡肉饭

芋仔粄

芋仔粄

扬尾仔[1]，飞过岗
姆妈介心，有芋六七行
崁脚下，水自流
芋荷[2]撑凉，竹鸡[3]仔畏羞

七月半，禾打扮
新芋刷签，姆妈恁善办
蓬莱米，磨出浆
料齐肉靓，虾米豉葱香

七月半，禾打扮
姆妈庆手，大灶蒸芋粄
厅下里，敬先祖
芋香桊[4]鼻，好兄弟渡孤

扬尾仔，飞过岗
姆妈介心，望子归来尝
芋仔粄，贲年年
像石碛船，行稳又行远

1　扬尾仔：蜻蜓。

2　芋荷：芋叶。

3　竹鸡：雉科，台湾特有种，中文正名为台湾竹鸡，别名竹鹧鸪、山菌子、泥滑滑等，身长约25厘米，喉部红褐色，头顶至后颈栗褐色，见于台湾中低海拔山区，栖息于灌木丛或树林中，杂食，生性害羞。

4　桊：勾串。

卷二　食物与地方　109

树豆

树豆[1]

树豆打花翩翩黄
圳塝路，狭又长
泥肉薄薄无嫌怨
转入冬，它等自旺

交春采来摆桥头
二姨婆，卖树豆
人来人去脚边过
盼私颏[2]，心肚愁

甘愿来煲树豆汤
柴伤当，云发憨
煲啊懒来煲啊畅
臂碗公，等树豆汤

---

[1] 树豆：为豆科木豆属植物，1至2米高，其豆可食，故中文正名为木豆。为台湾原住民的传统食物。在贫穷干旱的地区，耐旱的木豆是一种重要的蛋白质来源，因此又被称为"穷人的肉"。

[2] 私颏：私房钱。

打鳥子

打乌子[1]

行南走北好泊好浪
泥瘦泥肥交春递旺
我不是杂草无名
也难得啊打横抢光

打乌子、乌鬼仔菜、Tatokem、白花菜
喊我介名，我怕知汝奈耶来

作小冬、摘烟、犁番薯
我有果甜惜汝介苦
炒麻油、煲粥、鸡春汤
我叶苦甘专汝来尝

无定著啊汝离土离乡
行南走北又泊又浪
时不时局势坏递
记得我呀苦苦介我

乌嘟子、乌甜仔、イヌホオズキ（日语）、Sanmchi
喊我介名
我怕知汝奈耶来

1　打乌子：中文正名龙葵，为一年生草本，高20厘米至60厘米，四季皆可开花，嫩叶可食，浆果熟时紫黑色，亦可食。各地名称不同，台湾地区的汉族称其龙葵、乌甜仔菜、黑鬼仔菜、黑珠仔菜、黑店仔子、乌仔菜等，东部原住民的称呼有Tatokem（阿美人）、Waaseku（泰雅人）、Sanmchi（排湾人），大陆各地则有野辣虎（江苏苏州）、野海椒（四川屏山、重庆南川）、小苦菜（四川会东）、石海椒（重庆南川）、野伞子（重庆城口）、野海角（四川盐边）、灯龙草（湖北巴东）、山辣椒（河北内丘）、野茄秧（云南蒙自）、小果果（云南河口）、白花菜（广东乐昌、惠阳）、假灯龙草（海南儋州）、地泡子（湖南）、飞天龙（江西）、天茄菜（贵州）等。日本亦常见，但未入菜。

卷二　食物与地方　113

野蓮

114　碧山14　食物

野莲出庄

莫兰蒂扫台湾，青菜果作伤论半
野莲水下伸，大盘小盘抢注文
缺工趖货苦，含烧火辣水衣裤
盲知移民官，水塘窖子两片扑

越南爸爸，越南妈妈
无撤汝等保护好
Anh xin lôi（越南语）

笔录心惊愁，大人听我讲从头
烟灭全球化[1]，水源禁猪蓄白虾
赖知气候恁改常，水底升温病难挡
卡哨邀转作，圳埤野莲拼出庄

野莲出庄，野莲出庄
粄仔店红到海产担
炒嫩姜
野莲出庄，野莲出庄
粄仔店红到海产担
脆又爽

笔录心惊愁，大人听我讲从头
引水茎梆相，浸身拔洗皮骨伤
好得南洋新来嫂，爷娘探亲滕手多
久做成一家，他等讲什么该全球在地化

越南爸爸，越南妈妈
无撤汝等保护好
Anh xin lôi

野莲出庄，野莲出庄
粄仔店红到海产担
炒嫩姜
野莲出庄，野莲出庄
粄仔店红到海产担
脆又爽

1　20世纪80年代末，美浓的烟业破灭，该地又被列入水源保护区，养猪受禁，遂有农民开塘养虾。但又遭逢全球气候变迁，水温升高，抑制虾子食欲。大量未消化的饲料积于塘底发生厌氧分解，导致虾子病变。

菜干

台风煞猛
菜干伸颈茎
想要出声

一镬水煮旺
蒜头来陪阵
排骨参详[1]

鼻到日头
冬至跍天井
闲恬，像猫

听到阿嬷
剥晒高丽菜
夹上夹下

影到年后
阿姆留菜种
玉黍、长豆

[1] 参详：参与讨论。

菜干

卷三 食物与人

我在加拿大钻垃圾箱觅食　　绿豆

一个生态小农亲耕者能养活多少地、多少人　　朱艺

友善的食物共享 不止盘中餐　　王晓晖

我在加拿大钻垃圾箱觅食

绿豆

一、化身"浣熊"钻垃圾箱

几个月前，我第一次尝试钻进垃圾箱找吃的，并大获成功。自此我开启了人生新篇章，加入到"Dumpster Diving"（垃圾箱潜水）的队列。

我住在多伦多，经常在本地社区的食物银行[1]做志愿者。活动结束后，常常会有剩余的物资，尤其是食物。储藏室里剩下的蔬菜、水果总让我垂涎三尺——它们多半是价格昂贵的有机生鲜食材，很容易腐烂，这周剩下了，不可能留到下周。我一直怀疑这些剩下的食物最终都被扔了，或至少有一部分被扔了。

有一次，趁人不注意，我偷偷拉开了食物银行边上的大垃圾桶，想看看里面有什么。"哇，里面好多生菜，还都是有机的！"其实我以前也翻过这里的垃圾桶，经常看到一些品相不错的食物，然而周围有人，不方便动手去拿。这里的管理人员很凶，所以不能让她看到，否则"吃不了兜着走"，一定会被痛斥一顿！

垃圾箱里的有机生菜，数量有右边这张照片里的10倍。

于是我下定决心，要把它们全部拿走！

我让女儿先上楼，自己则溜进食物银行的厨房，找了个干净的垃

---

[1] 食物银行（Food Bank），是西方国家常见的膳食援救机构，通常将人们富余或捐赠的食物、日用品等收集起来，免费发放给有需要的低收入群体。

圾袋，一头扎进垃圾箱，把里面的生菜都翻了出来。那个垃圾箱有半人高，为了捡到底部的生菜，我大半个身子都钻了进去，活脱脱就像一只浣熊！

捡完生菜，再翻翻另一个垃圾箱，更加震撼：里面都是品相非常好、相当新鲜的甜点和面包，数量之多，让人叹息！但我没法拿那么多，于是只好恨恨地放弃了。

我的有机生菜，不消说，在市中心的免费分享活动上，成了最受欢迎的抢手货，被哄抢一空。当然，我也私下留了几棵，洗干净，配上自制的甜面酱生吃，十分爽

生菜搭配自制的甜面酱

垃圾箱里捡来的有机生菜，拿到市中心艾伦花园门口的「食物与衣物分享」活动，不消说，被一抢而光

卷三 食物与人　121

口。此后，每次去参加那里的活动，我都要翻翻那排垃圾箱，经常可以捡到一些"姿色不错"的蔬果。

成功过一次之后，我还钻过其他地方的垃圾箱，但运气却不太好。比如，我家附近有一条著名的希腊美食街，那里有各式各样的小店铺。某个中午，我去了美食街的后巷，挨个儿搜寻了那里的垃圾桶。大多数垃圾都被捆扎在黑色垃圾袋里，首先要把垃圾袋从垃圾桶里提出来，然后还要扯开袋子翻找。垃圾铺了一地，颇不雅观，路人不时向我投来猜疑的目光。我很担心会有人出手阻拦，甚至报警也不是没有可能。

二、捡垃圾：不为谋生为反抗

Dumpster Diving这个词听起来颇为时髦，直译是"垃圾箱潜水"，其实只不过是捡垃圾的别名而已。西方国家的专业垃圾箱体积庞大，要想捡垃圾，必须爬进爬出。捡垃圾者爬进巨型垃圾箱，置身垃圾海洋，从而赢得了"垃圾箱潜水员"（Dumpster Diver）的"美名"。Dumpster Diving是美国的叫法，到了英国，它就变成了"Skipping"，因为英国的垃圾箱被称作"Skip"；而在欧洲和澳大利亚，其"花名"还包括Sotting、Bin-diving、Skip Dipping等。

对于很多"潜水员"来说，在垃圾箱翻找食物这种有违社会主流想象的生活方式，既是为了寻找有用物资，也是为了抵制当下资本主义不公正、不合理的食物分配制度和发展模式。比如我所熟悉的食物免费分享组织Food Not Bombs和Feed it Forward，前者认为资本家通过食物分配操控社会，胁迫穷人服从权威，因此有必要打破资本家的游戏规则；后者不仅致力于分享食物，也致力于改变相关的食品捐赠法规。Feed it Forward的创办人Gordon在网站上提到，由于不合理的法规，加拿大每年生产的食品有40%最终被送入垃圾填埋场。与此同时，加拿大每7个人中就有1个（即约有490万人）处于贫困之中。这样的浪费让身为大厨的Gordon看不下去，最终决定采取行动。因此，很多反对食物浪费的"潜水员"，往往是新一代的环保主义者，或是反资本主义消费模式的活动家、行动派。

三、"潜水"情侣飞檐走壁：我们做的事没有道德错误

我的"潜水"事业尚处于初级阶段，不久后，我却遇到了两位真正的"专业潜水

员"。那是4月的一个周日，一对年轻的情侣背着沉甸甸的双肩包，来到我做义工的地方询问："你们要食品吗？""当然要！"我回答。于是他们像变戏法一样，从双肩包里掏出很多蔬果。接着，他们加入了义工队伍。整个下午，女孩一直跟着我分面包，而男孩则帮助其他人派发热餐。

在分发面包的过程中，我跟女孩进行了一番对话。让我吃惊的是，这些看起来十分新鲜的蔬果，都是他俩从某大超市的垃圾箱里捡来的。这对多伦多小情侣虽然年纪不大，分别出生于1997年和1998年，却已经参与"垃圾箱潜水"数年之久。他们的"潜水"经验十分丰富，听了他们的描述，我跃跃欲试，恨不得当天就跟他们一起去"潜水"。

这对小情侣从高中时期就开始参与"垃圾箱潜水"。男孩托马斯从一本叫 Tripmaster Monkey–Man 的书中获得启发，数月后，女孩凯西也加入了队伍。他们告诉我，最好的"潜水"时机是商店关门后，因此一般都选在晚上十一二点行动。他们会戴上头灯，穿上耐脏的外套，飞檐走壁，翻越大超市的围墙，钻到垃圾箱里觅食。

"有时候垃圾箱很脏，底部往往有恶心的液体，不过一般情况下，食品都在袋子

小情侣从包里掏出各种"潜水"得来的新鲜蔬果

里,或在最上面,不会接触到液体。我们不会捡那些恶心的东西。戴手套是个好主意,还有头灯,以及装食品的袋子。最好还要穿上厚底鞋,避免踩到尖锐的东西……"凯西告诉我,他们尝试了很多大店和小店,包括Sobeys和Metro(这两家是加拿大的大型超市)、星巴克、健康食品店、面包房、水果铺等。

觅食经验丰富的他们,曾经在垃圾箱里翻出很多令人难忘的美味:水果干、花生酱、杏仁奶、椰子糖浆、椰子油、纯素酸奶、成箱的果汁、未成熟的水果……我担心他们会被抓住或惹上麻烦,问他们是否了解关于垃圾箱潜水觅食的相关市政法规,托马斯回答:"我们相信这是合法的,不过也不敢担保没事。如果爬墙的话,那你就算私闯他人地盘了;但如果在后巷的话,就不算。我们很小心,不想被抓住,但我们也不太担心,因为我们知道自己做的事情从道德上来说并没有错。"

四、年轻人的"起义之路":自给自足,独立于资本主义社会之外

托马斯的父亲是高中老师,出身于中上阶层家庭。他对"垃圾"有成见,担心儿子会因为吃"垃圾"而生病。但他理解孩子的志向,没有试图阻止他。凯西的父亲更开明,他觉得没什么——他年轻时也干过同样的事情。

托马斯(左)和凯西(右)

不过父母更忧虑的是他们的前途问题。托马斯和凯西已经高中毕业，他们住在家里，靠打零工为生。由于与传统的职业规划相背，父母担心他们无法过上收入稳定的生活。我问他们将来有何打算，凯西告诉我她喜欢瑜伽，而托马斯也许会去考一个园艺专业的文凭。他俩的最终目标是选择一种可持续的生活方式，希望有一天能够生活在某个"意识社区"[1]，跟志同道合的人分享知识，自给自足，独立于资本主义社会之外。

虽然听起来胆大妄为，但托马斯和凯西自认是内向的普通人。他们承认，在同龄人中很难遇到三观一致的伙伴。他们也时时感受到主流社会以某种方式给他们带来的巨大压力，特别是在高中阶段，他俩都感到被孤立。"我觉得这代人对环保问题要重视得多，然而还有很长的路要走！"

这样有计划、有步骤的年轻理想主义者让我心生羡慕。在消费文化引领的社会中，如果想在大城市生活下去，而又不屈从于资本主义的游戏规则，那么也只能凭借"垃圾箱潜水"这样的非主流行动申明自己的反抗态度。然而，"垃圾箱潜水"的前途有限——随着"潜水员"的增多，更多超市选择给垃圾箱上锁，有的"潜水员"甚至因为捡了几包薯片就被逮捕。最理想的当然还是从政策方面改变消费文化，或者按照这对小情侣的目标，自立门户，走上真正的"起义"之路。一番对话之后，这对小情侣向我告别，他们即将搭上顺风车，前往温哥华某农业社区学习自立技艺，祝愿他们一路顺风，早日成为反消费文化的中流砥柱！

（本文图片由作者提供）

---

[1] intentional community，也被译作共识社区或意愿性社区。社区成员以另类的生活方式共同生活，通常拥有近似的社会、政治、宗教与理念，追求生态永续。

一个生态小农亲耕者[1]能养活多少地、多少人

朱艺

小农，指亲耕自食的小农户家庭，少至1人，多可至三四代人。家中95%以上的日常食材，即粮食、蔬菜、瓜果，靠自主亲耕自给；不雇佣种植长工，仅雇佣临时短工或换工；有满足自食以外的富余食材、少量手工加工的食物或其他手工品，用以换取日常生活必需的现金。这是最传统的、对外部资源依赖最小的、可持续自主生存、生活与生产的单位。

笔者是以实践者而非学者的身份来写这篇文章的。笔者17年前创办了"合初人"组织，且从城里下乡进行生态种植实验修复，保护近50亩农地生态至今已达近11年。从一个公益组织想要扎根乡村，倡导生态农耕与社区支持农业（CSA），又不想依赖外援生存开始，我们最终把自己变成了仅种植10亩左右耕地的生态小农：合初人耕读之家[2]（以下简称"合初人家"）。

合初人家目前常住人口两人：一是户主即笔者朱艺，女，57岁；二是亲耕主力朱耕久，男，33岁。我们不使用化肥、农药、除草剂、催熟剂等化学制剂，也不使用塑料大棚、地膜和养殖场的粪肥，不外购成品有机肥和生物农药，努力辨识、避免转基因种子，尽量自留种。自2011年初春开始，采用"覆盖免耕"（最近6年采用"自然覆盖免耕"）的生态种植。在没有任何外援的情况下，自给自足、分享多余，并带动、组织村里几家留守老人一起，用社区支持农业的模式与50家左右的消费者直接对接，供应生态种植的粮食、蔬菜，也已经6年多。同时，我们还做生态亲耕实习生公益教育。正是基于此，我们才有信心来回答本文标题所提的问题。

1　生态小农亲耕者，指生态种植的小农家庭中，下地亲耕的主劳力，这一定义是相对普通石化小农亲耕者和生态农场的亲耕员工而言的。
2　合初人耕读之家，虽然注册了家庭农场，但自我食用和社区支持农业的基本现金收入，还是仅仅靠十亩左右的小农种植规模，因为志在探索、传承生态小农的种植与生存生活方式。其余约四十亩耕地或休耕、或用作实习生培养、农耕自然教育和覆盖免耕、CSA公益传播。

合初人家亲耕主力耕久和笔者朱艺
（摄影：何茂华）

笔者朱艺在插秧
（摄影：朱耕久）

卷三 食物与人 127

一、 耕久1人在"养护9亩土壤"的前提下"养活7个人"

合初人家，位于重庆北部山区一个较平缓的山顶上，这里的土壤肥沃程度，在全国属于中等偏下，较具普遍性。我们的多年生态亲耕实践已经证明：1个全劳力生态小农亲耕者（朱耕久），可以通过养护9亩田、土，种出7个人（人均1.3亩）的年食材量（含主粮、杂粮、食用油、蔬菜和水果）。具体参见下表：

重庆·合初人耕读之家"1个全劳力生态小农亲耕者，养活9亩农地和7个人"的计划表
—— 生态亲耕1:7种植实验-2021年计划（调整）表 2020.7.5

劳动力/时间	1个全劳力生态小农亲耕者（朱耕久），全年250个工作日：250*8小时=2000小时
耕作方式	自然覆盖免耕-生态种植：不使用任何化肥、农药、除草剂，不使用大棚、地膜、激素、转基因种子，拉草不除草，整土不翻耕。在耕作过程中，恢复、保护土壤生态系统，提高而非减损土壤和食物的生态健康品质（水稻暂时采用的普通生态方式）。

耕地面积	9亩（人均1.3亩）	0.5亩×7人=3.5亩	0.2亩×7人=1.4亩	0.585亩×7人约4.1亩			
食物供给种类	全年超过65个品种	主粮：水稻+冬小麦（+种绿肥）	应季蔬菜（含水稻、蔬菜育苗）	多年生蔬菜	杂粮	食用油	落叶果树
产量 供1人 约1.3亩 1485斤/年 4.07斤/天 1142.3斤/亩	主粮+杂粮：547.5斤 食用油：25斤 蔬菜：547.5斤 水果：365斤 合计：1485斤	5月上至9月上：250斤谷子=160斤米 10月中至5月上：97.5斤麦子（稀植间种套绿果树） 合计：257.5斤	一年四季：应季蔬菜 不少于35个品种 合计：447.5斤	一年四季不少于15个品种 合计：100斤	5月至10月：玉米40斤、黄豆40斤、红薯150斤 12月至次年1月中：土豆50斤、蚕豆豌豆各10斤 合计：290斤	4月至8月：花生 11月至5月：油菜 60斤=18斤油 合计：25斤	一年四季：枇杷、桃、李子等，以及常绿果树、灌木和藤本、草本水果，不少于8个品种 合计：365斤
产量 供7人 约9亩 10395斤/年	主粮+杂粮：3832.5斤 食用油：175斤 蔬菜：3832.5斤 水果：2555斤 合计：10395斤	257.5斤/人×7人 **1820.5斤**	447.5斤/人×7人 **3132.5斤**	100斤/人×7人 = **700斤**	290斤/人×7人 **2030斤**	25斤/人×7人 **175斤**	365斤/人×7人 **2555斤**

食物供给人数	7人：耕者本人、非劳力人口2.5人、其他劳力人口3.5人（预设其中：2个民生类劳力、1.2个高端类劳力、0.3个国防类劳力）

劳动、工作内容 亲耕者：朱耕久 至今，朱艺承担[2,10,11,12]项非亲耕工作，并同与参与第[1,13]项工作 第[8,9]项工作 大部分属于非亲耕工作，目前由朱艺承担，尚参与第[10,12]项 备注：非亲耕工作可由在地家、帮工、换工或合作社承担	参照合初人耕读之家九年多"覆盖免耕生态种植生产经验"列示： [1] 准备1：田土生态设计与维护（布局设计、起垄种植箱、菜园围栏、水源设计与设施建设等，含开荒）。 [2] 准备2：CSA客户招募——相当于6人的全年食材预订量；制定招募方案、售前沟通、收款、登记、开收据等。 [3] 准备3：全年种植计划——根据应季原则，安排亲耕几十个种的种植时间，并均衡设计各品种的种植量等。 [4] 准备4：生产资料采购（工具、设备、包装，完全内循环不需采购菜籽饼、木屑、耕牛等）、工具维修等。 [5] 准备5：堆肥（田间直接堆肥、专门堆肥）、绿肥种植、覆盖物收集。 [6] 种植1：备种、育苗——收集老种子、自留种、适当购买种子、整理育苗床、直播、育苗与管理、间苗浇水等。 [7] 种植2：移栽、田间管理——拉草（非除草）、造肥、维护箱沟、搭架、浇水抗旱等。 [8] 采收、储存、初加工：收割、晾晒、入仓、打米、磨面、榨油等；不耐储存的蔬菜，每周采收、清理（不洗）2-3次等。 [9] 分装、发货、登记：分装、包装、搬运、发货、登记、沟通记录；出售与各种情况登记等。 [10] 食农教育与售后：蔬菜配送与食材发货的日常沟通与答疑、临时问题解决；配送群维护、食农教育；包装材料回收等。 [11] 零售与接待：旺季富余零售、零售群与微店维护、零售沟通；客户与潜在客户到访菜园的讲解、食宿接待、沟通等。 [12] 财务记录与账目盘点：为了清楚成本收益、减少浪费、计划安排合理，必须每月整理财务资料、做收支账目登记和盘点。 [13] 工作总结与改进：为改进生态农耕方法、技术，节约时间、精力，提高学习能力和生活品质，须做日常记录和年度总结。

重庆北部山区亲耕人工以外的成本	参照合初人耕读之家五年多"生态小农生计实验-成本"： [1] 必须成本：生产资料与工具2元/斤（含土壤修复成本）。合计：2元/斤×10395斤=20790元 [2] 必要成本：生产资料与工具2元/斤+非亲耕人工2元/斤（含工作成本）=4元/斤。合计：4元/斤×10395斤=41580元 [3] 佃农成本：生产资料与工具2元/斤+非亲耕人工2元/斤+土地房租1.4元/斤=5.4元/斤。合计：5.4元/斤×10395斤=56133元
产值与亲耕劳动报酬	除以上相对固定成本，产值和亲耕者报酬由产品定价决定。参考目前合初人家食材定价，预计价格在8~14元/斤（不含运费）本计划预算全年产值近13万，在不提高终端消费价格的前提下，亲耕者的报酬多少、与"是否改用去中间环节的CSA模式"直接相关。 CSA现金报酬——佃农：产值[3]成本-本人食材费=约5.5万元/年；当地农户：产值[2]成本-本人食材费=约7万元/年。
使用能耗机械	参照合初人耕读之家目前使用"能耗机械"：农户家用小型旋耕机、割草机、铡草机、脱粒机、打米机、榨油机、三轮车。注意：减少使用，人工成本上升，但更低碳；增加使用，人工成本下降，但更高碳。依各家不同理念、原则、现实而行。
不使用能耗机械	如果仅仅用手工和非能耗工具，1个人可以生产4个人的全年食物，需要3.5亿生态亲耕者（或生产5个人的食物，则需2.8亿）。
愿景：	2*9=18亩；2*7=14人。即2亿生态亲耕农人，可养护18亿亩地，养活包括农人自己在内的14亿中国人。

备注：本表依据合初人耕读之家生产、财务实际情况，由朱艺设计编制、朱耕久核对，属于重庆北部山区局部实践总结、计划，仅供参考。2020.7.5

春天，合初人家采用自然覆盖免耕种植的菜园里，与草共生的蔬菜
（摄影：朱艺）

这个"生态亲耕1∶7种植实验-2021年计划表"，是合初人家在最近6年多实践基础上，对今年种植进行调整的具体规划（未含笔者朱艺、实习生、农忙临工和互助组的其他几家农户的亲耕劳动）。在没有任何外援资金、人力的情况下，耕久1个人，在9亩耕地上，进行自然覆盖免耕生态种植，全年产出喂饱7个人的健康食物：主粮和杂粮3832.5斤、蔬菜3832.5斤、水果2555斤、食用油175斤。[1]

参考合初人家这些年的收入，除去生产成本和自己的食材现金折扣，根据土壤生态修复程度、食材定价和是否支付地租、房租等不同情况，一个成熟的生态小农亲耕者，年现金收入可达55 000元至70 000元（相应的食材价格在8至14元/斤）。[2]

[1] 这些产量，是能保障消费者预定供给的产量，"风险预备种植量"和"旺季增产量"都未计入其中。我们这些年每年的蔬菜种植计划量比该表中的量多出87%（5年多来，耕久每年的蔬菜种植计划量都是7200斤，忙时有临工协助），而食用油和水果一直种得很少，我们计划2021年把目前蔬菜种植多出的工作量，增加到稻谷、食用油和果树的种植中。根据我们自己和其他有相关种植的生态农人的经验，一两种稻谷、食用油和几种果树的种植与几十种蔬菜种植比较，工作量和难度只会降低，不会增加，所以，我们很有信心。
[2] 合初人从城里下乡，非本地农民，类似"佃农"，所以地租、房租和有关成本会更高，如果是本地农户，在其他同等条件下，成本更低、收入更高。

卷三 食物与人

图表中的食材产量,是我们的底线产量数据,[1]而每个人,无论老人、孩子,每年、每天的粮油、蔬菜、水果各类食材的需求量(不含肉类和其他食物),是按高线计算的,即:每年1485斤÷365天=4.07斤/天(平均每人每天主粮和杂粮1.5斤、蔬菜1.5斤、水果1斤、食用油少量)。所以,该计划表中7个人食材需求量的预估,是绰绰有余的。

合初人家生态种植的第5年,即2016年,在生态耕种中得以修复的土壤,由沃土可持续农业发展中心资助并送清华大学检测,无任何污染且生态品质优良。今年已经是第11年了,村里的老农也说:"你们这块地,确实越种越肥了。"我们确信:只要我们严格按照生态原则"养地+养人",越往后,土壤的生态品质和劳动熟练程度都会越高,相应的劳动力时间也会减少,生活品质和收入水平都会上升,当然,这是在不受市场干扰下的理想预期。

二、问题的背景:小农的现代末路与重生需求

小农户,原本是中国人的主体;小农村社,则是传统中国社会的主体。近100年来,随着工业化、现代化、城镇化的发展,有很多农村,从剩下"389961人群"(妇女、老人、孩子),逐渐到基本只有"99人群"(老人)和越来越荒芜的土地。一个个老人因去世或被城里孩子接走,空无一人的自然村落,不再罕见。

与此同时,依靠石化能源从事现代化农业生产的大农场和大型农业公司在逐渐增加。他们在长期租用(类似于兼并)小农土地的过程中,让日益减少的、留守乡村的小农人口逐渐变成了长期或短期的雇佣种植工人。由于乡村劳动力不足,又想提高亩产量,简单易复制的工业化、化学化、机械化、设施化及高科技生物工程,自然成为首选,这不仅更容易获得国家的农业补贴,同时也更方便投资者通过规模化种植降低运行成本,不断压低农产品价格,形成规模化经营。独立生存的小农无力与之抗衡。因此,在土壤和生态资源遭到严重损害的同时,小农群体也与传统的乡土村社一起,处在衰落和消失的过程中。

---

[1] 从全国耕地肥沃程度来看,我们的耕地品质中等偏下,比我们好的土壤产量可以补充比我们差的土壤产量,所以我们的数据大致来看,还是比较有代表性的。表中的自留种稻谷产量,也是我们的底线产量500斤/亩,有些自留种品种可达六七百斤。与合初人家同镇的老生态农人周诗禄,自家有30多年传统生态亲耕养护的稻田,几个自留种的稻谷,亩产800斤左右是常态,上1000斤不稀罕,最高达到过1400斤。

70多岁的老支书和老伴在插秧
（摄影：朱艺）

对此，无论是国际还是国内，都有两类完全不同的认知及相应的观点。第一类认为：这是历史发展的必然，小农是落后生产力的代表，小农的减少和消失是社会进步的表现，大农场、现代化、机械化、公司化的规模农业，才是农业发展的方向。第二类则认为：小农及小农村社，是人类社会可持续生存模式的重要载体（至少在没有中断的中华文明史中得到了证实）。在中国现代化进程的多次危机中，也证明了其具备国家经济与社会安全"压舱石"的作用。[1]在未来生态文明建设中，小农是维护乡村自然生态与社会生态的主体，也是乡村振兴的主体。因此，让小农在中国乡村中重生，是中华民族复兴并能够可持续发展的基础条件。

第一类观点，百年以来，一直是主流观点。第二类观点，目前还处于"小众"和"另类"状态，却正在与中国农耕文明的主体传统接轨，与目前同样是小众、另类

---

1 温铁军等学者认为：世界上地广人稀的现代化大农场，几乎都是以"前殖民地宗主国"对原住民国家的无情掠夺甚至残酷杀戮为先决条件的，仅此一条就是中国、东亚和世界上大多数原住民国家，客观上不可能效法、复制的。温铁军也称乡村是中国的"危机软着陆载体"。

卷三 食物与人 131

的国际建设性后现代主义[1]接轨,与中国国家生态文明建设、乡村振兴战略接轨,也与"小农将在中国社会长期存在"的国家定义及前所未有的国家扶持小农大政方针接轨。

其实,无论观点如何,小农在现代石化规模农业中最好的结果也就是沦为农场主的"长工",帮着减损土壤生态品质、提升食物品质和自身健康品质而已。这是事实,也是现实。看清这一点,小农才能尽快放弃对石化大农业的最后幻想,主动寻找于己、于人有益,于土壤自然生态和社会生态都有益的小农重生的新希望。中国小农需要重生——这是本文题目所提问题的时代背景。

三、小农的特性:自主生存与生态种植

"亲耕自食"是小农最基本的特征属性,是乡土社会最基本的生存方式,也是乡村百业兴旺的基础。只要与山水林田湖草自然生态系统相结合,只要有可耕种的土壤、可自留的种子和简单的劳动工具,就不需要政府操心就业与生存问题,基本不需要或很少消耗不可再生能源。无须社会其他行业的支撑,生态小农这个群体自己完全能过亲耕自食、自给自足的生活。亲耕自食能力加上基本手工制作能力,"乡土村社"完全可以是一个可持续的自循环生产、生活系统,而且还能为社会的"非农人口"提供健康食物、其他农产品、手工制品,提供乡村休闲、康养、旅游服务和农耕自然文化教育等社会服务。

这种"笃定去依附"的自主生存方式,体现了小农在社会生活中的独立性和自主性。虽然主流观点会批判小农这种"弱社会性"的生存方式是"封闭"、是"倒退",但回到现实中来看,在个体普遍感受"被捆绑、被绑架"的现代社会心理中,在2020年全球新冠病毒大流行的残酷疫情中,在全球化的"自由与捆绑悖论"中,在经济高速增长与断崖式下跌的巨大反差中,在世界性的"城市失业压力"下,在各国经济与社会安全的巨大风险中,中国小农乡土社会的"独立性"和"自主性"所体现出来的高度韧性和顽强生命力,明显具备了超越各种绑架的"自

---

[1] 2020年5月5日,友成企业家扶贫基金会公众号发布了对世界著名的后现代思想家、生态经济学家、过程哲学家、建设性后现代主义领军人物——美国国家人文与科学院柯布院士的采访:如果疫情使人们远离现代性的信条和现代生活方式,并使我们致力于走向一个可持续的、真正健康的、符合人性的目标,它将是极为重要的转折⋯⋯人类在未来危机中能否存活延续,首先取决于其所在的社区能否做到自给自足。

由品质"和"社会性优势"。

小农要实现这种自食其耕、自给自足的独立性和自主性，"种植的多样性"是必要的基础条件。一户小农，要能够独立自主地生存，必须种植最基本的粮食、蔬菜、瓜果，以及在遮阴、防风、盖房子、做家具、烧火做饭等日常生活中所需的竹木、花卉等。每家全年至少需种植、养护二三十个植物品种，勤快的人家，四五十个品种也很常见（合初人家每年种植60多个品类的粮食和蔬菜）。考虑到各家的品种选择差异和相互之间的品种交换，再加上自然林地，一个村落的农作物和自然植被，其多样性会非常丰富。这是规模化、机械化农场单一种植所难以企及的"自然生态优势"。

如果再进一步，放弃40多年来使用的化肥、农药、除草剂等各种有损土壤生态品质的做法，采用老农法和自然覆盖免耕、食物森林等道法自然的生态种植方式，以及采用中国传统的生态生活设计智慧，加上类似国际朴门设计等现代生态设计理念与生态知识的学习、传播、应用，小农村落的农业面源污染会完全消除，自然植被和各类物种会更加丰富多样，农地生态系统会更加优良，小农生态种植在生态环境与资源保护中的"正外部性"就会充分地发挥出来，小农就会成为山水林田湖草生态保护者中最稳定、最具韧性和生命力的基础人群。小农这种生态种植的"自主性"与"正外部性"特点，是小农的优势，也是小农重生的立足点。[1]生态小农作为自然生态与社会安全的主要连接点和基础人群，其生存、生活只有具备这种"去依附"的独立自主性，才担当得起社会这棵大树"健康本体"的角色。

四、中国18亿亩耕地需要2亿生态小农亲耕者

小农生态种植，目前遭遇的最大质疑和反对是："生产力低下，会饿死人，缺乏社会责任感"，只能是"小众玩儿法"，不可推广，整体而言，最终也不可持续。这顶大帽子会随时扣在小农生态种植者和倡导者头上。这顶帽子往往包含"两个太低"——"生态种植亩产量太低"和"小农劳动效率太低"，因此无法完成农民的"社会角色责任"，即无法为非农人口提供足够的食物。其实，这是生态种植"外

---

[1] 小农虽然往往有少量"家庭养殖"，但只要不是"牧民"，不是专业养殖户，肉食就不是其主要的基础食物。如果选择"种养循环"模式的大量养殖，对小农来说，劳动量、劳动强度和风险都会陡增，而且容易破坏生态（牧民生态畜牧除外）。种养循环模式，不是我们认为的小农的"低风险生存立足点"，所以本文暂不谈论养殖。

行"因缺乏有关知识、理念，尤其是缺乏一线生态种植实践，想当然的武断结论和认知误区。

首先，农耕的亩产量，本来就不应该一味追求高产。不考虑土壤生态的承受度，不考虑食材天然品质和营养含量下降，[1]纯粹追求经济利益的高产视角，本来就是"竭泽而渔"的不可持续思维方式。

其次，在"养活土壤"的前提下"养活人"。提高土壤的"生态品质"，就是提高土壤的"自然生产力"。健康可持续的土壤，是有生命力的，正是这种生命力承载着人类的生存和延续。正如民间老农所言，"人养土，土养人"，对于要从土壤中不断索取食物的生态农人来说，只要把土壤"养活好了"，土壤的"自然生产力"就会充分发挥出来，远远超出"人的生产力"并且可持续。认为小农生态种植生产力低下的人，往往是因为根本无知或无视生态土壤的自然生产力。[2]

最后，生态小农食材产出效率的高低评价，与"中国可持续生态农业的必要劳动力人口"直接相关。应该在考虑生态小农"既养活土壤又养活人"的前提下，参照

堆肥中的益生菌菌丝（摄影：朱艺）

---

[1] 中国科学院植物研究所蒋高明研究员在《营养不良与隐性饥饿》中提到：我们进行了8年谷物营养跟踪实验，发现常规谷物（小麦、玉米）16种氨基酸总量普遍低于有机谷物，如常规冬小麦16种氨基酸总量比有机冬小麦少了14%；Ca元素低78%；常规种植的夏玉米比有机夏玉米Mg含量少了25%，常规谷物Mo元素含量也显著低于有机谷物。而Cr、As、Ni等有害元素含量随着化肥用量增加整体呈现上升趋势。
[2] "养活土壤"其实是"养活人"的前提。在此前提下，亩产量的"高、低限度"，必须在"养活土壤的投入限度（包括休耕度）"和"养活人的产出限度"之间平衡，而不能只顾一端。这也是国家提出"生态优先"及"发展资源节约型、环境友好型农业"的根本原因。

我国"人均一亩三分地"的耕地资源存量,来分析中国14亿人口中,到底需要多少人来从事生态亲耕劳动。合初人家"1个生态小农亲耕者养护9亩耕地,喂饱7个人"的实践证明:中国只要有2亿生态小农亲耕者,在18亿亩耕地上持续用生态种植方式产出多样化食物,就能产出养活14亿人的食物。同时,土壤的自然生态品质不仅不会下降,还会变得更好,既能保障山、水、林、田、湖、草不受农业面源污染,还可以承受人口适量增长的需求。[1]

我们因此描绘了一个"2亿生态小农亲耕者养活18亿亩耕地,养活各行各业9亿劳动力,进而养活14亿人"的理想比例愿景图,如下(由下往上阅读):

```
2亿生态小农亲耕者/18亿亩耕地/9亿劳动力/14亿人口
我们心中"现实+愿景"的占比如下:

┌─────────────────────────────────────────────────────────────┐
│ 0.3亿人 非农工作:国防(军队、国防工业、国有大农场等)        │
├─────────────────────────────────────────────────────────────┤
│         1.7亿人 非农工作:                                    │
│ 高端    高等教育、石化能源、国家交通、通信、互联网、航海、   │ 生态
│ 系统    航天、高科技及其企业、服务业等                       │ 城
│         自然科学与哲学社会科学研究、宏观治理研究、省市与     │ 市
│         国家党政、司法、国际交流事务等                       │
├─────────────────────────────────────────────────────────────┤
│         5亿人 非劳动力:老人、孩子、学生                    │
│         (15岁以下、60岁以上人口,为非劳动力,实际仍有部分劳动力) │
│         (16至59岁为劳动力,实际有不少低质的、被浪费的劳动力)  │
├─────────────────────────────────────────────────────────────┤
│         5亿人 非农工作:                                      │
│ 民生    职业教育、内置金融、银行、物流业、商业与服务业、     │ 在
│ 本体    区县以下政府及各部门行政、司法等                     │ 地
│ 系统    生态学、环境保护、生态能源与建筑、本地交通、基础     │ 生
│         教育、医疗、文化、宗教、艺术、应用科研等             │ 态
│         林业保育、水利与电力、生态农场管理、日用生态工业     │ 小
│         (含低技术工具)、社会组织、社区治理等               │ 镇
├─────────────────────────────────────────────────────────────┤
│              2亿人 生态小农亲耕者                            │
│         (生态小农亲耕者为主体,包括各类生态农场里的亲耕成员) │
│              保护18亿亩中国耕地生态可持续                    │
└─────────────────────────────────────────────────────────────┘
备注:本表由合初人家朱艺绘制,不以户口而以实际劳动、工作归类(国有农场亲耕者除外),个人观点,仅供参考。2020.7.5
```

---

[1] 从理论数据上看,中国目前的人口年龄结构中,劳动力只有9亿,另外5亿是非劳动力(老人、孩子、学生)。实际上,在乡村,60岁以上的农人都在劳动,70岁以前,绝大多数人自食其耕,是完全没有问题的,而12至15岁的孩子,在掌握、学习生态亲耕生存知识、技术方面,原本也可以有一定量的食物产出。而国有农场和某些军队的食物产出,未在本表中体现,是考虑到可以对冲男女全劳力中的"弱劳力食材产出缺口"。因此"2亿:18亿:14亿"的比例其实是"宽绰有余的"。另外,如果不使用诸如旋耕机、脱粒机等小型农机,完全使用人力,一个全劳力可以养活4至5人,14亿人则需要生态亲耕者2.8亿至3.5亿。

耕久在学习用耕牛犁田（摄影：朱艺）

不过，有人还是会说："中国1个农民养活7个人，这也值得说？美国1个农民可以养活700个人，这差距太大了！"如果仅就"生产效率"来说，1∶7和1∶700，的确是天壤之别。但是首先，这个比例中的"1"大概率是没有包括"季节性短工"的，其次，1∶700这个"高大上效率"后面的代价却是高投入、高消耗、高污染、高补贴、高风险，必然会导致陷入生态和经济的双重困境。仅就高消耗而言，中国、印尼、缅甸等主要采用人力农耕的国家，0.05至0.1卡的热量可以生产1卡热量的食物，而美国则需0.2至0.5卡。[1]有人估算，美国每人1年中消费的食物，背后是相当于1吨石油能耗的代价。如果全世界都这样搞农业，那么目前全球50％的汽油都要用来生产食物，石油储备将在15年内告罄。合初人家2019年小型农机耗油折合石油0.162吨，却产出了13个人的食物，人均石油能耗是美国的八十分之一。美国农业高耗能的原因是地广人稀。2017年，美国每个农场的平均面积为178.5公顷[2]，比两个故宫还大，这么大块地只有1.4人进行生产管理和经营，必须高度机械化、智能化。在东亚地区，农业是典型的劳动密集型产业，在美国，农业却是资本密集型和能源密集型产业。有观

1　郎秀云：《现代农业：美国模式和中国道路》，《江西财经大学学报》2008年第2期。
2　引自美国农业部USDA National Agricultural Statistics Service（2019年）。

点认为：美国式的大农业，其实是伪装成农业的资本主义工业。

记得曾参加一个有很多农友的会议，茶歇间，有人说起美国高度机械化的农业效率，一位生态农友则说："我一点都不羡慕开着各种大型机器种地的农民，我怎么觉得那不是在种地，而是在碾压和剥夺土地呢！"这话似有点极端，但我从中感受到的是那位农友内心完全不一样的人与土地、自然的关系。这同时带给我们一个思考的空间：与这位中国农友相比，那高出100倍的农耕效率，虽然会给那个美国农民带来更多收入，可是他的生命、生活品质会高出多少呢？或者有可能会更低呢？

就算美国的土壤先天条件好，还能被现代石化农业折腾几十年甚至上百年，但是200年、300年后呢？中国小农农业已经持续了几千年，美国土壤物理学之父富兰克林·H.金于100多年前来考察中国与东亚地区的小农耕种后，写下的名著《四千年农夫》里就盛赞小农农业，他其实已经回答了这个问题。

与土地友善合作，在种植食物养活人的同时，也养活土地上的众生，如此才会有生生不息的、可持续的人与自然的和谐世界，才可能孕育出"天人合一"的中华生存文化与生命境界。

五、急需实现有利于生态小农的最大交换价值

当我们用行动证明了"1个生态小农亲耕者，能养活9亩耕地、7个人"时，我们面临的最大问题就是：当1个生态小农亲耕者能种出7个人的食材时，另外6个人，可以保障这个亲耕者除了生态食材以外的生活质量与尊严吗？换言之，如何在小农这里体现出这6个人的生态食材的"最大交换价值"呢？

中间商（包括其他独立中间环节）的存在，由来已久，其必要性，不言自明。但是，从国际生态农业半个多世纪并不顺利、非常缓慢的发展历程看，中间环节凸显出以下三个方面的负面效应：

一是中间环节的"交易成本"容易被放大，挤占生产者与消费者两端的利益。二是中间环节的"交易方式"缺少直接对接的透明度，第三方的"中间占位"容易导致产、消两方关系的隔离、松弛、变形、失真和产品的品质风险。三是中间环节的

合初人家帮助村里留守老人与消费者直接对接生态种植稻谷
（摄影：朱艺）

CSA菜友在合初人家菜园里「亲闻」土壤的芬芳
（摄影：朱艺）

"经营状况和市场风险"会直接波及农户和消费者。即便有些商家也开始组织消费者采取预订生产形式销售，但由于"非直接交易"，产、消关系脆弱，小农和消费者的风险并不会因此降低。

而国际CSA模式，可以不经过任何中间环节，让生态小农直接与消费者对接，预定生产，消除市场风险，共担自然风险，节省中间环节的成本、分享中间环节的利润，从而保障生态食物获得有利于亲耕小农的最大的"产品交换价值"。因为在生态食物体系中，只有土壤和农人是最该得到及时回报的。

CSA模式本质上不是一个生意，而是一种合作。其优势不仅体现在现金方面的交换价值上，还体现在产、消双方彼此认同、尊重的社会价值、文化价值方面。长远看，这是保障1个生态小农亲耕者愿意种地养活另外6个人的关键。

正如韩国韩莎林产消合作社的宗旨所言："生产者保护消费者的生命，消费者保障生产者的生活。"当6个非亲耕消费者可以让这1个生态亲耕者生活得更好时，这个亲耕者养活9亩土地和7个人的模式，才是可持续的。[1]

多年来，CSA模式让合初人耕读之家深受其益，我们确信值得大力推广。同时我们也认识到，无论是生态小农还是消费者，如果能发挥集体的力量，成立有自主权的非营利组织、合作社、社会企业等，就能更好地整合资源、降低成本，[2]更有效地运行CSA模式，并防止资源被不良商家盗用。

"生态农耕及其产品"本质上属于全体公众应该参与保护的公共资源、公共产品与公共服务品，不应该成为商人发财致富的"商品"，也不应该肩负"发展经济"的"使命"。而一个生态小农亲耕者的社会价值，不仅仅是要"养活人"，还要"养活地"，同时还要承担保护绿水青山自然资源、传承农耕文化与文明的责任，他们的劳动及其价值应该得到充分重视和尊重。

生态小农亲耕者自身，也因此不再是几千年来完全处于自然状态的"土里刨食"的传统小农，不再随着社会的"异化发展"自生自灭，而应该是意识觉醒、知识丰富、视野广阔、眼光长远、信念坚定，有合作意识和自我组织能力的，这个世界生命与生态的守护者。

---

[1] 两点说明：第一，目前合初人家的1:7的食材产量，并非只供应7人，我们预估的1个消费者的食材量，其实可能是一家中三四个人在食用，各家还会购买一些普通食材、肉类或其他来源的生态食材；第二，我们把生态亲耕自食的半农半X个人或家庭，也归类在生态小农之列，"半农半X"也是我们倡导的小农生存方式之一。但是，由于其"X"部分，完成了与"非农劳动交换"的行为，有比较稳定的收入来源，其食物自耕自食，一般不进入"社会交换"，所以基本不影响"农与非农"的食物生产比例问题，本文暂不论述。
[2] 例如，各家在生产、生活资料采购，以及小型农机、粮油初加工（如打米、榨油等）等机具的使用和食材配送方面的合作，就可以有效节约资源、降低成本。

友善的食物共享

不止盘中餐

王晓晖

2018年，"寺庙零食俱乐部"项目打败了包括索尼、富士、佳能等大厂的4789件黑科技设计作品，摘得了日本2018年度设计大奖（Good Design Award 2018）。2013年，大阪一对年轻母子因无人问津而饿死屋内，成为是枝裕和的电影《无人知晓》的悲惨现实版。这则新闻让日本奈良安养寺的住持松岛靖朗开始反思："我可以为这个社会做些什么？"此后他便发起了"寺庙零食俱乐部"项目，将信徒供奉神明的食物送给贫困儿童和单亲家庭。至2019年1月，日本共有1020个寺庙和404个地方团体加入该项目，每月有9000名儿童获得食物援助。这一惜食爱食的分享行动，温暖人心，也让人不禁陷入思考：如何让食物得到应有的尊重并物尽其用？如何进行友善的食物共享行动？中国乃至全球是否有更多可供借鉴的实践经验？

1. 我们为什么需要食物共享？

食物浪费一直是深受关注的全球问题。2019年联合国粮农组织（以下简称"FAO"）的调研报告显示，全球有超过8.2亿人因饥饿导致长期营养不良，接近20亿人口缺乏可靠的来源获取足够安全、富有营养的食物。与此同时，每年有13亿吨食物在生产、运输和消费的过程中被损耗或浪费，大约相当于人类每年消耗食物总量的三分之一。中国的食物浪费问题同样严重。根据中国科学院地理科学与资源研究所2018年发布的调查报告显示，2013—2015年期间，中国每年在餐桌上浪费的食物高达1700万~1800万吨，相当于3000万~5000万人一年的口粮，而另一个事实却是，有1.34亿中国人面临食物不足的困境。一边在浪费，另一边却在挨饿，难道不能友善地处理被损耗或浪费的余量食物，让"剩下"的食物被需要的人群看见并取用，让每一个人都能公平获得食物？

食物不只是"粮食"，食物的损耗和浪费与日益严峻的全球气候变暖、生物多样性损失、水资源短缺与水体污染等议题息息相关。根据"绿色和平组织"和中华环保联合会在2019年共同编制发布的《食尽其用——海内外食物损耗与浪费产生与再生利用模式研究报告》，全球食物损耗和浪费在整个生命周期所产生的碳排放量高达36亿吨，中国食物损耗和浪费（假设只有五分之一的食物损耗和浪费）产生的碳排放量也将达到3亿多吨。

工业标准化的食物生产产业链的明确分工、餐厅外卖的日益火爆，年轻一代在网红餐厅饕餮美食的时候，在各种外卖APP上点单的时候，在超市菜店购买食材的时候，却甚少去探知食物如何生产以及如何送至嘴边。一无所知或一知半解的我们，并不知晓一日三餐不可或缺的食物的前世今生，也难有时间和耐心去了解我们到底吃下了什么，更缺乏兴趣和动力去参与食物的生产过程。我们与食物就这样被高度专业化和分工化悄无声息地割裂开了。每一种来到我们餐桌上的食物，都经历了大量时间和人力投入，从播种、育苗、收割到运输流通、售卖。认真地烹饪和珍重地享用食物，是对食物最基本的尊重，这种尊重的形成离不开潜移默化的食物教育。亲自参与完整的食物种植、食材准备、烹饪、餐后处理等行动，才能更清楚地了解食物从土地到餐桌再回归土地的过程，重新建立我们与土地、食物之间的联结。如果打开脑洞，食物不只是我们的盘中餐，它可以承载更缤纷多彩的想象。

2. 全球食物共享有什么创新行动？

食物共享，强调围绕食物开展各类实践和体验，如共享食物、共建食物生产、同炊共餐。食物共享关注共享之物是什么。从原材料（如作物）到产品（如加工食品、工具和烹饪器具）和服务，从能力（知识和技能）到空间（如场所、份额农园、花园、厨房等）都可以成为共享物。以信息和通信技术为引领的共享经济催生并孵化了各类食物共享APP。比如OLIO倡导将家中或零售店中的余量食物分享给社区邻里，Too Good To Go为商店提供平台用来打折售卖余量食物，Farmdrop则提供从本地小农到消费者的直接运送服务。

"SHARECITY"是一项为期5年（2015—2020年）的研究项目，由欧洲研究委员会（European Research Council）资助，属于欧盟地平线2020研究与创新计划（European Union's Horizon 2020 research and innovation program），同时也是未来地球可持续消费和生产知识行动网络系统（Systems of Sustainable Consumption and Production Knowledge Action Network of Future Earth）

的附属项目。"SHARECITY"希望通过挖掘食物共享经济的重要性和潜能，推动更加可持续的城市发展。"SHARECITY100数据库"共记录了全球100个城市的3640项富于创造力的食物共享行动，包括每项行动的地点、共享物种类、共享方式、共享行动组织等信息。

每一个城市所面对的食物问题都是相似的，"SHARECITY100数据库"为珍爱食物的行动者开启的食物共享行动提供了无限的灵感来源和实践启发。但是每一个城市所要解决的食物议题复杂又具体，本土化的食物共享实践过程是多变而漫长、细碎而务实的。

3. 中国有什么食物共享的本土实践？

绿洲食物银行，为剩食与饥饿建桥

现今严重的食物浪费，仅靠餐桌上的"光盘行动"并不能消除。那些在生产、运输、销售环节中被大量浪费的，但经过严格鉴别和分拣后可供安全食用的余量食物往往被忽视了。2015年，上海绿洲公益发展中心正式成立"绿洲食物银行"（以下简称"绿洲"），面向低收入和贫困人群，在食物浪费和城市饥饿之间搭建起分享的桥梁，以实现"食物零浪费、人人有其食、社区可持续"的目标。根据《上海绿洲公益发展中心2019年年报》，2019年绿洲从200多家爱心捐赠者手里接收了122吨余量食物（价值1123.5万元），并将余量食物分发给全国250家非营利机构，直接受益者达到590301人次。

开拓前行之路充满挑战，从零开始建立食物银行绝非易事。食物银行发展到成熟稳定阶段之后，平均每年食物募集量可达800吨。目前绿洲的年募集量在200吨左右。摆在面前的第一个问题是，如何将临保食品及时送到受益人手中，避免运输、贮藏过程中的二次浪费。首先，绿洲团队花了两年的时间去构建一个完整的上海食物银行网络，通过社区食物银行和授权分发点实现上海全覆盖。基于上海食物银行网络和外地食物授权分发点的模式，建立起适应中国本土的食物银行运作标准体系。这个体系包括250个派发点、1个北京直营机构、2个分别位于鄂尔多斯和广州的孵化机构、3个上海门店、20个分享冰箱。授权派发点遍布北京、上海、四川、湖南、新疆、江西、山东、陕西、安徽、广东、内蒙古、江苏、浙江、辽宁等地。2019年，极客志愿者戚俊帮绿洲开发了一套"最美食物包"的管理系统，让食物银行的工作人员和志愿者能够在线可视化查询捐助点、受助者信息，促进精准高效地调配资源，让需要食物的人能够第一时间收到分配的食物。

绿洲获赠的食物分为两类——包装类食物和熟食类食物，它们采用了不同的余量食物流通途径。包装类食物通过社区食物银行和授权分发点发放，每一家社区食物银行覆盖周边半径约3公里的区域。捐赠者往往是餐厅或便利店，通过食物银行把所赠食物分发给有需要的机构或个人。小范围供需关系链的搭建，驱动社区闲置资源参与食物运营，以应对社区食物浪费问题。熟食类食物则通过以安设分享冰箱的方式来收集和分配。每台食物分享冰箱覆盖周边半径1.5公里范围，便于更多人参与食物分享行动。分享冰箱一经推出，便受到了居民和社区餐厅的热捧，一度成为沪上的网红打卡点。普陀区展翼儿童培智服务中心的食物分享柜，甚至成了热门"教具"。展翼的老师别出心裁地引导这些存在发展障碍的孩子使用分享冰箱，通过领取食物的简单互动，加强小朋友与外界的沟通能力。食物捐赠人和领取人都可能在食物分享过程中，成为这些孩子康复训练的陪伴者。

公益组织、捐赠方、学校学生、社区志愿者协会等志愿者群体也会积极参与到食物银行运营的各个环节，包括食物劝募、食物分拣、食物打包、食物派发送上门、受益人满意度反馈调查等。作为桥梁和平台，绿洲将企业、社区、学校乃至社会资源都吸纳进了自己的公益链条，有力地提高了食物分配流转的效率。2019年，绿洲协调组织了近2万人次的志愿者活动，有5000多人次的志愿者参与到食物银行授权分发点的日常工作。

然而，必须承认，食品安全问题成为食物共享的隐忧。我国目前缺少直接针对食物银行相关食品安全的法律法规，也并未做好与捐赠相关的法律条文之间的衔接。从食物捐赠到派发的各个环节中，政府部门和社会监督的缺失使得食物银行的运行存在较大风险，一旦发生食品安全问题，将很难进行责任认定。

绿洲采取了三项应对措施。首先，对食物的外包装、生产日期、保质期、存储和运输条件等进行多道检查把关。从超市、生产厂家等捐赠单位的食品检测，作为"第三方"公益组织工作人员的检查，到社区等接收方人员的再次检验，借助重重检查把卫生安全不达标的食物拒之门外。其次，对符合标准的食物，按照食材和包装等不同类别进行分拣、储存和运输，根据食物的保质期确定优先分发顺序，蔬菜、水果等生鲜食物在当天分发完毕。最后，建立智能化食品数据溯源系统，设置捐赠方、受益方、物流方等独立的端口，从申请注册到最终分发完毕上传签单的整个过程，都在系统中操作完成，做到发生问题时有源可溯。由于运营经费的限制，目前食物银行工作人员以志愿者为主，缺少食品安全专业技术力量。单凭志愿者难以构筑食品安全保障体系，这就导致全国"食物银行网络"发展缓慢。

创智农园，可食景观与社区营造

创智农园位于上海杨浦区创智天地园区，占地面积达2200平方米。此地因场地下方铺设了重要的市政管线而未能充分利用，是一块曾经荒废了13年的都市隙地。2016年，杨浦科创集团和瑞安集团对场地进行了改造，成为开放街区中的都市生态社区花园，并由社会组织"四叶草堂"参与日常运营。农园分为设施服务区、公共活动区、朴门菜园区、一米菜园区和公共农事区。

设施服务区是由一组三节蓝色集装箱改造而成的移动式建筑。这是创智农园的社区会客厅，以场所空间的可变性提供咖啡厅、公共餐厅、厨房、会议厅、种子图书馆等服务，满足社区日常交流活动的需求。这里逐渐成为举办农园营造工作坊和社区聚会活动的活力场所，人们聚会之余，还能共同采摘、烹饪和享用食物。满满一墙的"种子图书馆"汇集了上海当地的原生种子，不仅为来年创智农园的栽种提供了种苗，也为社区居民登记认领种子、交换分享种子提供了平台。每年暑假，家长志

创智农园（供图：四叶草堂）

一米菜园
（供图：四叶草堂）

愿者会在这里协作发起社区互助夏令营，为社区家庭的孩子提供暑期托管的帮助，引导社区居民共建社区大家庭。

公共活动区则设置了室外活动广场和供儿童玩耍的沙坑，是创智农园中利用率最高的公共区域。

朴门菜园区由螺旋花园、锁孔花园、香蕉圈、厚土栽培实验区、雨水收集区、堆肥区、种苗小温室等组成，是社区户外培训的重要场所。自然课堂、农夫市集、儿童嬉戏、创意展示、厨余垃圾分类……大大小小的活动在这里开展。幼童可以在此挖土、浇水、辨识种子，大孩子则可以在此学习厚土栽培、辨识香草、记录植物生长、制作自然观察笔记等。

一米菜园区里设置了38个一米见方的菜园。社区居民可以认领这些专属小菜地，种上应季的瓜果蔬菜，如胡萝卜、土豆、青菜、南瓜。由专门的管理人员提供指导和日常维护。管理人员会定期开设种植课堂，讲解种子认知、土壤辨识、工具选用、厚土堆肥、菜园建造和作物栽培等知识，带领种菜"小分队"亲身实践。志愿

卷三 食物与人 145

社区花园SEEDING邻里
守望互助计划现场
（供图：四叶草堂）

者家庭会定期带小朋友来到一米菜园，劳作和采摘，并把果蔬带到大学路中心广场上举办的方寸地农艺周末市集售卖。

公共农事区通过自然教育和农事活动的结合，鼓励社区居民去田地里观察思考和动手实践。社区居民通过农事耕作体验一年四季变化的美好：在翠嫩的春天播种牵牛花，观察它们发芽长大；在初夏体验收割小麦的喜悦，在盛夏汗流浃背地插秧，一起观赏灿烂绽放的牵牛花，在田间观察虫子，去方寸地农艺周末市集卖菜；在秋天收割水稻、打谷子、剥稻壳、煮米饭。一块20平方米的水稻田是孩子们在老师的指导帮助下，花费了3个月培育出的小小成果。孩子们在自己亲手种下的稻田中，学习一粒米从种子到秧苗、到谷子再到餐桌的过程，体味粮食生产的酸甜苦辣。每年的秋日收割已经成为创智农园最重要的农事节庆活动。

创智农园的活力离不开多元性的社区营造活动和多方资源的链接。它是一个都市中的自然学校，为水泥森林中出生的孩子打造一处亲近自然和土地的场所。它也成为沟通的平台，联合周边高校资源和创智天地，为打造知识型社区注入了丰富的文化基底。社区居民是为农园共创共建增加各种"边角料"的活跃主体，居民参与度较高的活动基本涵盖了社区营造和自然教育等众多内容。日常服务主要是一米菜园认建认养和访问参观。社区互动活动包括农夫市集、食物沙龙、食农教育、种子博物馆、有机午餐、儿童互动沙坑、彩绘墙面、雨水花园、志愿者花园维护、销售农园果蔬、社区音乐会、露天电影等。自然教育活动则更加纷繁多样，包括植物彩虹、科学动手、小农夫、轮胎花园、朴门课程、土壤栽培、亲子绘本、自然笔记、种子认知、农耕体验、领养蚕宝宝等。

2020年3月，四叶草堂发起了社区花园邻里守望互助计划——"SEEDING行动"，以无接触的种子接力站分享种子或绿植，共创社区花园空间站和在地网络，重建社区邻里信任。参与"SEEDING行动"的群友们利用微信打卡小程序，完整记录并分享自己的种子分享行动，积极地交流、探讨并解决种子接力行动或种植过程中碰到的问题和困难。互助计划还举办了多次"云野餐""云上社区花园节"等线上直播活动，让大家共同体验共创社区花园的乐趣。

创智农园是周边社区居民共同书写的故事，是一个链接社区的载体，为遇见善良有趣的邻居提供了契机，为被水泥钢筋混凝土所禁锢的都市人搭建了知识协作的小小网络。它是一颗小小的种子，缓慢而有力地生长，以意想不到的形式回馈土地和社区。在共同耕作、描绘未来的路途中，社区居民重获改善和创造生活空间的主动权，收获了满满的果实和美好善意的邻里互助，创造并共享着彼此的社区记忆。这正是社区花园食物共享过程中不期而遇的惊喜。

4. 我能为食物共享做什么？

4年前，我搬进现在的住所，旁边有一块无人管理的待建空地。这里貌似杂草丛生，却七七八八散落着周边居民种的蔬菜瓜果，平添了几抹野趣。炎炎夏日，一夜蛙声伴我入眠，"稻花香里说丰年，听取蛙声一片"也不外如是吧。突然某一天，空地变工地。水泥地快速取代了杂草丛生的泥土地，夏夜的蛙声就此无影无踪，宁静的夜晚却让我感到了些许遗憾。作为一名城乡规划师，当看到整齐划一的城市绿地里郁郁葱葱的草皮和争奇斗艳的鲜花时，我时常疑惑，为什么不能种上瓜果蔬菜，营造可食的城市食物森林景观呢？至今，这疑惑仍然未解。

日本电影《小森林》里，回到乡下的女孩市子独自干农活，认真地烹饪精致的一日三餐。即便在繁忙的都市中，她也会种养盆栽樱桃、萝卜和其他蔬菜，做美味的饭团便当，田野和食物仿佛触手可及。我居住的顶楼有一个大大的露台，参加"SEEDING行动"后，我也开始在露台花园种植盆栽。我种下了日常食材的种子或根茎，如南瓜、土豆、山药、胡萝卜、小葱，还种下了出差途中获赠的一株火龙果苗。看着食物努力地生长，发芽、抽条、长茎、开花、结果，这些小小的变化总会给予我莫名的欢喜。一个人能够做什么？那就从和邻居分享盆栽食物，来开始你自己的食物共享行动吧！

卷四　食物与种子

冬藏·有种·共生　　　　　　　　　　　　　　李雪垠　靳立鹏

种子保护的新出路　摆脱商业鲸吞　重燃公共价值　　农民种子网络

谁才是种子保护的真正生力军　　　　　　　　　　　农民种子网络

冬藏·有种·共生

李雪垠　靳立鹏

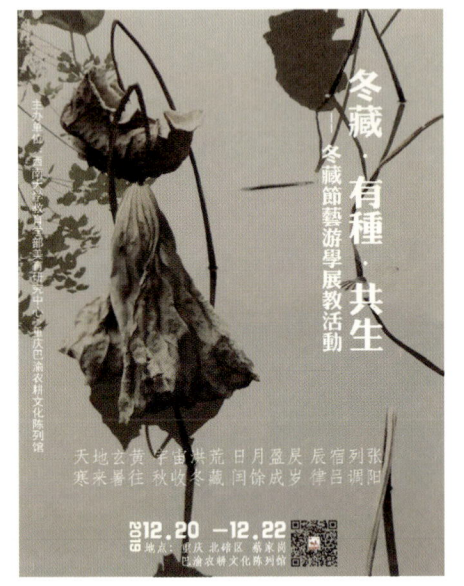

展览海报
（摄影：李小良，制作：侯京）

"冬藏·有种·共生"[1]冬藏节艺游学展教活动，在种子的时间胶囊里，将传统与现代、工业时代与农耕时代的各种道具和文化载体装入密封舱，通过公众参与阅读种子的言说，践行种子行动，实践着约瑟夫·博伊斯关于"人人都是艺术家"的理念。它以自然生态、种子农人故事、种子剧场和青少年艺游学参与为主要内容，旨在形塑一种新的人类与种子、自然的关系。

展教活动将艺术展览、科学研究和教育体验活动相结合。一方面旨在感悟种子冬藏中"藏"的科学、艺术与生态奥秘。从人之藏、动物之藏到万物之藏，再到生命的创生过程，体会种子"藏"的独特生命价值。另一方面

1　本次展教活动由西南大学美育研究中心李雪垠，四川美术学院实验艺术系靳立鹏和大乘农庄创办人、可持续生活探索者李小良共同策划。

河边的「冰书」
（供图：Basia Irland）

则是通过对西南地区原生种子的收集与展示，以及关于传统生态稻米的生态留种、储存、加工和品尝的艺游学体验，体会地球生态、种子主权、种子和文化多样性、乡村振兴与农耕文化传承以及每个家庭和个人进行有机生活改造的意义。

一、种子与自然、社区生态

种子是最具行动力的物体，我们的自然和社区都可以因种子建构起来。艺术介入种子与自然以及社区生态的教育文化实践，是以艺术形式将人与自然共生的新文化精神注入社区，通过社区内居民的共同参与，构成社区变革的力量。就此而言，种子已成为联系社会成员、建立崭新关系、增强社区可持续发展能力的纽带，成为进一步思考与解决社会问题的新路径。

右：种子图书馆
左：种子炸弹
（供图：Tattfoo Tan）

展览展出了美国新墨西哥大学艺术和艺术史系名誉教授巴西亚·厄兰德（Basia Irland）的项目——"冰川消融，书重新播种"（Ice Retreating: Book Reseeding）系列。通过把当地河流两岸的种子与河水共同制成冰书，随后释放于河流的诗意过程，探讨了气候变化背景下的冰川消融与植物种子修复河流水系的力量。

另一位美国艺术家塔特福·谭（Tattfoo Tan）则以"社会雕塑"的方式探讨生态、可持续发展和健康生活等问题。他的作品轻松有趣，吸引公众参与，从微观和日常层面寻求社会的改变。参展作品《种子炸弹》与《种子轰炸机》属于"S.O.S."（Sustainable：永续；Organic：有机；Stewardship：负责任的管理）系列。以工作坊的形式带领参与者制作混合了野花、野草种子与黏土的种子炸弹，把野花种子混入由旧信封制成的手工纸质"种子轰炸机"。在城市的废弃空间投掷"种子炸弹"或"种子轰炸机"，促进城市生态的修复。

他另一件作品《种子图书馆》是推动社区食物正义（Food Justice）运动[1]的一项尝试。作品以"自由小图书馆"[2]（Little Free Library）为模

1　食物正义运动是指倡导一种包容的、社区主导和参与的，对人、土地与环境没有剥削的食物体系。例如为缺少超市但快餐店林立的美国低收入社区争取种植、售卖与食用健康食物的权利。
2　"自由小图书馆"是一个旨在促进免费图书阅读和推动社区图书交换的美国非政府组织。

型，为有需求的社区居民提供免费的食用植物和开花作物的种子。项目鼓励居民获取、种植和分享种子，以获得食物主权（即社区居民可以自主决定自己的食物）并丰富生态多样性。项目的另一位艺术家合作者带领学生制作种子盒、种子袋以及相应的社区宣传材料。将这样的"种子图书馆"放置于居民的前院，便于把种子分享给左邻右舍。

二、老种子保育

种子选育原本就是人类与植物共同演化和协同作用的成果，是人类近万年农业知识的结晶。就像空气、水和土壤，种子原本就应当是一种可以代代相传的公共资源。但现代的育种技术与商业杂交种子（包括转基因种子）正在使生命专利化和私有化，正在劫夺农民对种子的主权——储存、选育和交换种子的权利，也正在迅速削减农业的生物多样性。在印度生态女性主义学者范达娜·席瓦[1]（Vandana Shiva）看来，"对种子实施杂交技术是一种侵入"[2]，是资本积累的手段。通过技术介入，种子从可以"自我再生的资源"转化为"不可再生资源"。与此同时，种子也无法"自我生产"，需要化肥农药等化学物质资源的协助。

本次展览的"种子保育故事"板块，主要汇聚了西南地区28位典型生态农人的老种子保育故事。他们在展览中用自己的方式阐释了对老种子的信仰，对农园、村庄和土地的爱，以及对现实危机的思考。

老种子的最大特点就是保留了"重生"的能力，即可以反复留种。其次，老种子对本地气候环境的适应能力与抗病虫害能力较强，且种类丰富多样。中国科学院农业政策研究中心的宋一青研究员认为，种子是活的，通过与自然的交流，能够获得适应环境变化的新基因。人类祖先挑选和反复播种那些适应环境的最佳种子，构成了人类社会演化的重要过程。传统农业会培育和种植种类繁多的作物，通过增加生物多样性来应对环境变化、增强农业的"韧性"，同时也增加了农民生存机会的选择。

1　范达娜·席瓦的"九种基金会"在印度16个邦成立了54家种子银行。基金会与其成千上万的会员一起实践生态农业，保护祖先与自然所馈赠的种子和物种多样性，共同抵制大公司对生物资源的垄断。
2　范达娜·席瓦：《生物剽窃:自然和知识的掠夺》，李一丁译，知识产权出版社，2018年。

为了保护地方原生种子,宋一青团队的"参与式植物育种"(Participatory Plant Breeding,简称"PPB")试验通过农民参与,将科学知识与当地传统农业相结合。

"老种子生态保育"农人故事1：张秀云

2016年,在宋一青参与的"农民种子网络"公益组织的协助下,云南省丽江市玉龙纳西族自治县宝山乡石头城(纳西族村)建立了石头城社区种子银行。宝山村副书记木文川及其团队在"种子虽然小,却传承着文化"理念的影响下,带领村民积极行动起来,将村民的生产生活与种子和生物多样性保护紧紧地联系在一起。宝山乡一组(牧牛科)的一位巾帼英雄——张秀云,是一个生长在大山里的纳西族妇女,大家都叫她"玉米妈妈"。她把对土地的热爱倾注在每一粒种子上,在自己的试验田里,起早贪黑,用行动来诠释"每一粒埋在地里的种子都有破土的希望"。张秀云在城里工作的儿子几次来接她,但她还是选择留在乡村。儿子开玩笑说："妈妈只选择种子,不选择孩子。"她与广西农业科学院玉米研究所的专家合作进行品种改良并成功试种。如今,以张秀云名字命名的玉米种子"秀云1号""秀云2号""秀云3号"已被用于与美国、秘鲁、印度、墨西哥、吉尔吉斯斯坦、塔吉克斯坦等国家交流,走向了世界。

右：张秀云保护的部分玉米老种子（摄影：王正蓉）

左：张秀云（供图：张秀云）

"老种子生态保育"农人故事2：卢瑞香[1]

卢瑞香出生于内蒙古自治区赤峰市敖汉旗小河子良种场。敖汉旗被认为是世界小米的发源地，有着约8000年种植小米的历史（在兴隆洼遗址曾发现约8000年历史的炭化谷粒）。它也是欧亚大陆旱作农业的发源地和全球重要的农业文化遗产地。这里山清水美，被评为"全球环境500佳"，良好的生态环境提供了生态农业的基础。

卢瑞香16岁时便有了做生态农业的愿望。那年春天种豆角的时候，她手头刚好有化肥，误以为化肥和粪一样，就把一锹化肥都撒上了。这导致豆角刚发芽就烂掉，种了几次都没有成功。她当时想，化肥能使豆角烂掉，人吃了肯定也会中毒，于是从此不再用化肥。

2007年，卢瑞香开始尝试做有机农业，她承包了100亩地，自以为不用化肥，不用农药就叫"有机"。秋天时，别人告诉她没经过有机认证的粮食只能当成普通粮食来卖，为此亏了很多钱。但她并没有放弃，2014年，她开始做有机认证，带着农民想改良2000亩土地，其间遭遇了无数困难。家人的不理解和资金困难都没有打

卢瑞香赠予本次展览的敖汉小米的完整植株
（摄影：刘婷婷）

1　该故事内容根据卢瑞香给本次展览发来的手稿、照片整理而来。

倒她。她最终于2017年通过了有机认证，并于当年结识了宋一青老师。在宋老师的悉心帮助下，加上自己多年的实践，卢瑞香逐渐成了当地的生态农业"专家"。

卢瑞香现在承担着村里"农民种子网络"的生态育种任务。2019年，她与10户村民共同种植了300亩当地传统品种的生态小米和绿豆。她保育的老品种小米达20余种，分黑、白、黄、绿四种颜色。她希望生态种植不仅能为消费者产出健康的产品，而且还能让村子保持良好的生态环境。

"老种子生态保育"农人故事3：一群老农人

在重庆酉阳的楠木庄，有一群老农人固执地守护着一种高秆糯米老品种，年复一年地播种、收获和留种。据我们所知，这样的老种每亩产量只有180斤左右，为普通糯米产量的一半。当周围村庄的村民和本村年轻人纷纷弃种的时候，这群老农人却一直坚持老种子种植。问及原因，他们的回答很简单："老品种好吃些。"味蕾的挑剔让他们选择了老品种。如今种植的人越来越少，老品种的传承面临着断代的危险。2013年，"光彩爱心家园——乐和之家"（以下简称"乐和"）项目入驻村庄。在调研村庄产品时，驻村的乐和社工发现了这个优良老品种。在城乡对接的尝试中，用老种糯米手工制作的"楠木庄清水粽"受到城市消费者的追捧。乐和项目依照"优质优价"的原则，让老种糯米不再因产量低而成为弱势品种。看到耕种的老农人得到了实惠，现在村子里的年轻人也开始学习老种糯米的种植了。

"老种子生态保育"农人故事4：孙文祥

孙文祥，四川省眉山市洪雅县东岳镇骑龙村2组村民。2013年，他结识了成都市环保组织"河流研究会"（以下简称"河研会"）的老师，并开始了无农药、无化肥和无转基因种子的生态农业种植。当河研会的老师向他问及当地特色农业传统时，他想起儿时吃过的"火米"[1]。此米曾经是当地家常主食，但后来因加工烦琐耗时，制作工艺自20世纪80年代后就失传了。他在一次去柳江古镇卖农产品时，

---

1 火米就是蒸谷米，蒸谷是稻谷带壳浸泡，然后蒸一下、晾干之后再去壳、碾磨制成的大米。它的营养价值明显高于普通白米。因为稻米的维生素和矿物质营养主要集中在外层部分，通过浸泡和蒸制过程，就让外层的营养成分向内层渗透迁移，逐渐达到平衡，所以，蒸谷米的B族维生素和钾、镁等元素含量都明显高于白米。蒸谷米在国际上是公认的营养价值较高的大米产品。

偶遇了一位80多岁的白发老人。老人与他谈起火米，说这米营养非常丰富，属于阴性米，而现在吃的米为阳性米。在如数家珍般讲述了关于火米的故事后，老人感慨，如此美味的米现在却无从寻觅。老人的话点燃了孙文祥复原火米工艺的想法，他四处寻师，经历过无数次失败后终于掌握了制作技术。此外，他保育的老品种也为人称道，其中就包括红嘴糯米。这是一种植株高约1.5米的高秆糯米，因为产量低，遇风易倒伏而渐渐被杂交种取代。但是红嘴糯米口感香糯，为普通糯米所不及。2016年，孙文祥保育的红嘴糯米与火米制作技艺都被列入国际慢食协会中国"美味方舟"名录。更为可贵的是，他把濒临绝种的糯米种子分享给大家，希望扩大种植面积；同时传授火米制作技术，让传统手艺后继有人。

生态小农捍卫种子自由与多样性的保种实践，是极具生态意义的行动。种子作为生命体具有记忆，需要通过不断的种植和收获来保存和调整这些记忆。生态农人保存的是活态的种子与活态的知识，他们是站在保护生物多样性和抵御气候变化的最前沿的卫士。

三、种子剧场的展教之维

剧场性、参与性和体验性是当代艺术展览的新特征。当代艺术展览不再局限于以展品做简单的罗列与呈现，更像是策展人、艺术家、批评家、各领域实践者与观众共同参与的一项艺术教育活动，是一场开放性的"演出"。正如汉斯·贝尔廷所论述的："传统社会中，艺术家和哲学家'制造出'文化，并传授文化，而观众用精神观看他所发现的文化。与此相反，在今天，人们不再以静观的方式，像观察一幅配有固定框架的图画一样掌握文化，而是以插入的演出，像观察集体场面一样掌握文化。"[1] 此次展览中的"种子图书馆""种子炸弹"和"播种梦想"活动，邀请观众深度参与关于种子的演出。

"种子图书馆"由种子树和精品老种子陈列区两个区域构成。陈列着种子和摆放种子相关图书的种子树，其制作原材料来自农耕馆旁因城市化建设而被砍伐并废弃的一棵桂花树、四川美术学院被丢弃的废画框以及有童年记忆的老板凳。我们期待它们之间相互碰撞，带给人们关于城市化与种子关系的思考。观众可以在此"阅读"

---

1 [德]汉斯·贝尔廷：《现代主义之后的艺术史》，洪天富译，南京大学出版社，2014。

每一种来自西南地区特别是巴渝地区的特色植物与蔬菜种子，并通过浏览相关图书获得对种子的深度认知。

精品老种子陈列区由"种子罐"专区和云南宝山乡石头城支持的140多种原生种子组成。"种子罐"的容器原本是农耕馆的藏品，代表了关于种子的物质文化。罐中来自川渝地区生态农场的老种子悄然诉说着自己的故事。农友们在这里互换种子，参观者也可根据需要索取生态老品种试种。来自"兴文和平稻"自然农耕基地的农友周虎山，将自己农场已种植5年的多年再生水稻新鲜植株赠予农耕馆。这株水稻将在来年春天种在农耕馆的家庭农场里。我们与展览协办方成都公益组织"积善之家"联合发起并举行了19个"老种源自留保育基地"的授牌仪式，每个牌子上都书写着"分散留种保护种源，永续耕作守护大地"等文字，表达了社区共享种子与传播留种、育种知识的愿景。

"种子炸弹"工作坊受到美国生态艺术家塔特福·谭的作品《种子炸弹》

（左：种子树
（摄影：孙平拍）

（右：种子图书馆、"种子罐"展区
（摄影：崔雨熙）

的启发，借用种子作为生发与修复的力量，与农耕馆周边迅速城市化的现场相结合。在馆外的空地上，孩子们用黏土将各种农作物种子包裹并塑成"炸弹"形状。随后，孩子们走出农耕馆，面对即将消失的农耕馆前的农田、绿地，面对正在迫近的城市化现场，扔出"种子炸弹"，希望来年还能见到山水田园。"种子炸弹"也是"播种梦想"环节的一部分。孩子们观展后，可以观察自己喜欢的种子并进行绘画创作。烂漫稚拙的种子图构成了一面小小的种子墙，表达着对种子、地球和人类的爱，象征着对梦想和希望的播种。

四、青少年的艺游参与

此次展览在乡土文化浓郁的重庆巴渝农耕文化陈列馆进行。对于公共艺术美育展来说，最重要的是基于展览地点的文化背景，让文化在观众、策展人、展品和博物馆之间产生张力。为达到这一目的，展览结合了"艺游学"（A/R/Tography）这一艺术与审美教育的前沿视角，"将艺术视为重新探究世界、增进理解的方式，并将教与学本身作为探究的行为"[1]。

考虑到参与主体多为青少年和亲子家庭，作为策展人，我们一直都在思考如何凸显活动的"关系性"（即参与者同时作为合作者、新关系的构建者与新知识的生产

农人带领参观者进行风车农具互动
（摄影：李雪垠）

1　Beer Ruth, "The Rhizomatic Relations of A/R/Tography," *Art Education*, 2006(03).

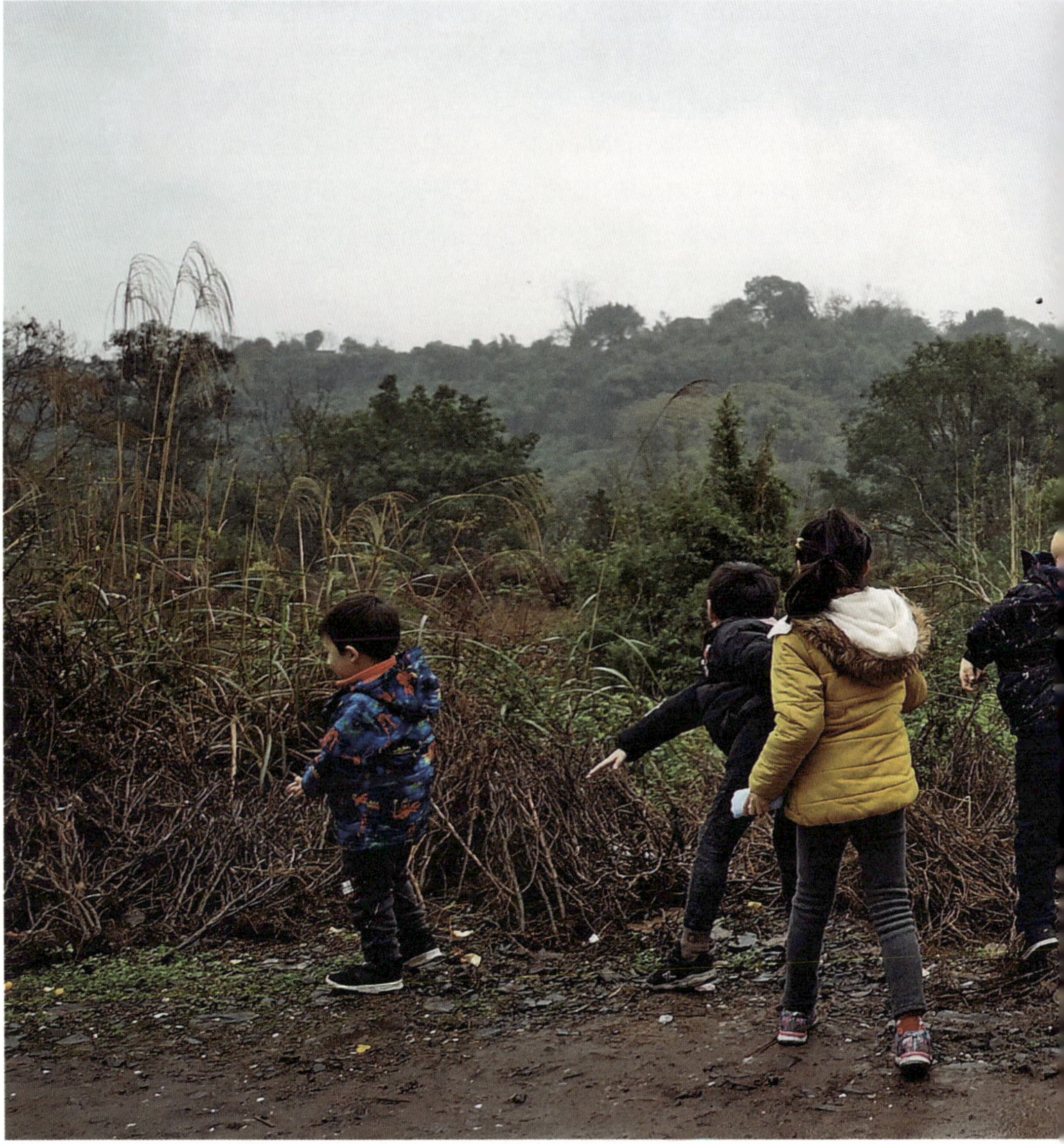

「种子炸弹」教育互动
（摄影：李圆圆）

者），以及艺术在认知中的作用。"以往研究感兴趣的是去发现既存的或者需要被发现的知识，而A/R/Tography关注的是创造一个具体的、联系的、具身体验的环境，这个环境能够使人通过丰富的探究过程去不断创造新的知识和理解。"[1]

"一粒米的前世今生"工作坊，从广义的种子聚焦到谷子成为白米饭的过程。通过与农人导师和稻米加工与储存的农具（如砻、风车、围席、筛子等）进行互动，孩子们亲身体验了稻谷从收割、脱粒、去秕（去除空壳或瘦小的谷子）、去壳、壳稻分离到储米的全过程，感悟巴渝农耕文化的巧智，以及种子与人类食物的关系。

"吃好一顿饭"艺游活动，让孩子们体验自己的身体与种子食物的联系。通过食物分享与交流互动，200多名小学生与各领域参与者全方位、多维度地理解了食物、身体和环境的关联。这一活动激发了他们思考如何通过饮食来友善地对待地球和疗愈自己的身心。这次午餐的食材为全生态素食。"花田贡米""桂花糖藕""全家福"等生态美食不仅使天地自然的能量充溢身体，而且引导参与者触发对于种子、天地、父母和农夫的感恩之心，从中体会"改善世界可以从吃好一顿饭开始"的深意。

参与者共享生态食物
（巴渝农耕文化陈列馆供图）

1　Rita L.Irwin and Stephanie Springgay, A/r/tography as practice-based research, Melisa Cahnmannn-Taylor, Richard Siegesmund, *Arts –Based Research in Education: Foundation for Practice*.New York: Routledge, 2008.

（左：餐桌
摄影：张正明）

（右：「种子虫洞」探秘
摄影：孙平）

"冬藏种子虫洞"是孩子们最喜欢的冬藏种子艺游活动。活动混合了剧场元素和艺术手段，为孩子们创建了沉浸可触的体验空间，重塑了他们的感知经验。冬藏时节，种子不仅对人类有特殊意义，在种子与动物的藏与找之间，更蕴含着自然之道。"种子虫洞"模拟了一个穴居动物与种子之间的趣味地下世界，参与者运用触觉、嗅觉和视觉在"虫洞"中探秘种子对动物和人类永续生存的价值。

五、结语

今天仍在肆虐的瘟疫本质上是人类与自然关系的危机，而种子迅速消失引发的生物多样性危机只是这场更大危机的一个缩影。生态文明转型需要培育文化、生物与生态的多样性，倡导多元共生的新美育，这样才能构建稳定、繁荣和永续的系统。关于种子的教育，也是未来生态美育、食农教育和"基于地方的学习"（place-based learning）所不可或缺的。种子的生命里隐藏着交流、适应与共生的大智慧。通过创造孩子参与合作的情境，我们希望美育展教活动能够激发他们去感知这种智慧，提供与作为非人类生命的种子开启新的合作和共度危机的可能，并成为向着未来播种的一个开始！

卷四　食物与种子

种子保护的新出路

摆脱商业鲸吞,重燃公共价值　农民种子网络

网络上曾流行这样一个段子:一个老外说要在一年内吃遍中国,结果五年之后人还在四川……中国的食材种类着实丰富,饮食文化也足够博大精深。不过如果我们退回到先秦时期,却果真"没什么可吃的"。因为现如今丰富多样的食材,大部分是明清时期才从海外传入的。作物的传播和交流让先秦诗歌中的"播厥百谷"成为现实,孕育丰富生机的粒粒种子,是我们餐桌上丰富的可口美食的前提和保障。

一、一粒种子的善举:从自由流动开始

种子的交换和流动对于全球农耕文明的发展乃至整个人类社会的进步都贡献巨大。历史上最著名的例子当数哥伦布的大航海活动。1493年,当哥伦布从美洲返航时,带回了新大陆的玉米种子,从此开启新旧大陆间日渐频繁的种子交换。这一事件对欧洲乃至全世界的发展都产生了巨大影响,以至于美国历史学家艾尔弗雷德·克罗斯比(Alfred Crosby)将其称为"哥伦布大交换"(Columbian Exchange,也称Grand Exchange)。毕竟,在1750年之后的100年间,欧洲人口数量翻倍,如果没有新作物的引入,这是不可想象的。

20世纪20年代,苏联植物学家瓦维洛夫在60个国家采集了30多万份植物标本和种子,提出了影响巨大的"作物起源中心说",从另一个侧面也反映出人类培育和驯化的作物品种是何等丰富!种子在早期人类历史能够实现自由流动和交换的前提是它被当作人类的"共同遗产"。也就是说,种子改良的成果人人皆可受益。然而这种自由交换的历史随着人类社会的演进,也在发生着剧变。

二、两位"洛克":劳动诚可贵,"进步"价更高

新旧大陆间的"哥伦布大交换"泽被后世,却也无意间开启了另一项

阴暗的交易——奴隶贸易。大西洋奴隶贸易制造了历史上最庞大的非自愿移民群体，300多年间，共有900多万名非洲黑人被送往美洲大陆（这还只是幸存者的数量）。英国古典思想家约翰·洛克（John Locke）在1671年成为从事这项生意的皇家非洲公司（Royal African Company）的股东，当时的他正进行着智识上的卓绝思考——《人类理解论》和《政府论》在随后几年相继问世。

和《政府论》此后受到的普遍关注和争议不同，约翰的财产理论一直未能得到应有的重视。约翰自己可能也不知道，他的财产理论竟会对新大陆的原住民产生影响。在约翰的财产理论里，有价值和意义的不是劳动本身而是进步（improve）[1]，也就是对资源的生产性使用。形成这一思想的更广阔的社会背景则是约翰所处时代英格兰农业的转型逻辑：以劳动生产率提高和技术进步来衡量农业经营效率才是有意义的。换言之，美洲大陆的那些基于共有产权和以社区为本的原住民农耕方式没有"效率"可言，需要加以"改造"。

20世纪20年代，在美国农业部的资助下，另一位"洛克"——美国植物学家约瑟夫·洛克（Joseph Rock）来到中国的西南地区，行进在高山深谷之中，采集植物标本和种子带回美国。事实上，在约瑟夫之前，已经有法国人、英国人和奥地利人来到丽江玉龙雪山，调查和采集植物资源。约瑟夫的一本传记中提到，在1928年的不到半年时间里，他就带回了几千件植物标本并交给美国农业部。

约瑟夫来到中国的时间，正是美国公益育种向商业育种转变的时期。以1930年《植物专利法》出台和1935年杂交玉米培育成功为标志，美国种子行业进入商业化阶段。当时的美国种子公司，大多为家庭经营型和地区性的小型公司，它们从公共育种机构获得品种进行生产和销售，研究技术则得益于公共研究机构的支持。尽

---

[1] "improve"一词最早来源于英格兰农业资本主义（agrarian capitalism）中的阐述。当时在农业经营中用improve，不是指一般意义上的"改善"或"变得更好"，而是特指以耕地来增加财富。后世理论家将这个词抽象出来，表达社会发展理论中的进步概念。

管这时的育种研究仍由公共研究机构主导,但育种目标已经转向了提高产量和追求私人投资回报——这也是后来由美国主导的"绿色革命"将提高粮食产量作为一种追求的重要原因之一。此时,约瑟夫带回的种子,已经掺入了约翰的思想,后者的"进步"思想经过早期萌发,汇入了当代农业发展思潮,以提高利润为目的的增产成为难以抗拒的主流。

三、种子战争:跨国巨头vs五亿小农

两位"洛克"分别给人类留下了思想遗产和资源遗产,然而两者的奇妙交汇却产生了始料未及和影响深远的社会后果。自20世纪70年代以来,国际社会有关种子行业的报道和讨论愈发令人感到不安,以致《华尔街日报》在1984年的一篇报道中第一次使用了"种子战争"的概念。

"种子战争"绝非先知的预言。

20世纪30年代,美国商品化双交玉米种子的价格是粮食价格的10~12倍;60年代,商品化单交玉米种子的价格是粮食价格的20~25倍。一部分农业化学公司被种子行业的高利润吸引,这些原本生产化学农药的公司进入种子行业,像饥饿的婴儿般吮吸农业链中的利润。

事实上,20世纪70年代正是新自由主义市场逻辑大行其道之时,在"去管制"和市场自由化浪潮中,美国种子行业开启内部整合,在资本并购活动中诞生了跨国种子公司。20世纪70至80年代,伴随着《植物品种保护法》的出台,美国种子行业的并购率从1.98%跃升至69.4%,全球种子市场的价值也不断攀升,从1975年的120亿美元增至2014年的538亿美元。

种子成了一门大生意,但却只是少数几家大公司的大生意。

据国际种子联盟(简称"ISF")提供的数据,2014年,全世界最大的3家跨国农化企业的销售额占据种子市场总额的46%;而这少数几家跨国农化企业在农药销售方面也获利丰厚,由此产生的社会成本却直接转嫁给了大众,特别是发展中国家的5亿小农户。

该图生动地展示了近百年间作物种类的消减情况。图表上半部显示，1903年由商业种子库提供的10类样品作物中，每类都有上百个品种；下半部显示出80年后，这些品种大多数都消失了。

（图片来源：John Tomanio/National Geographic Creative）

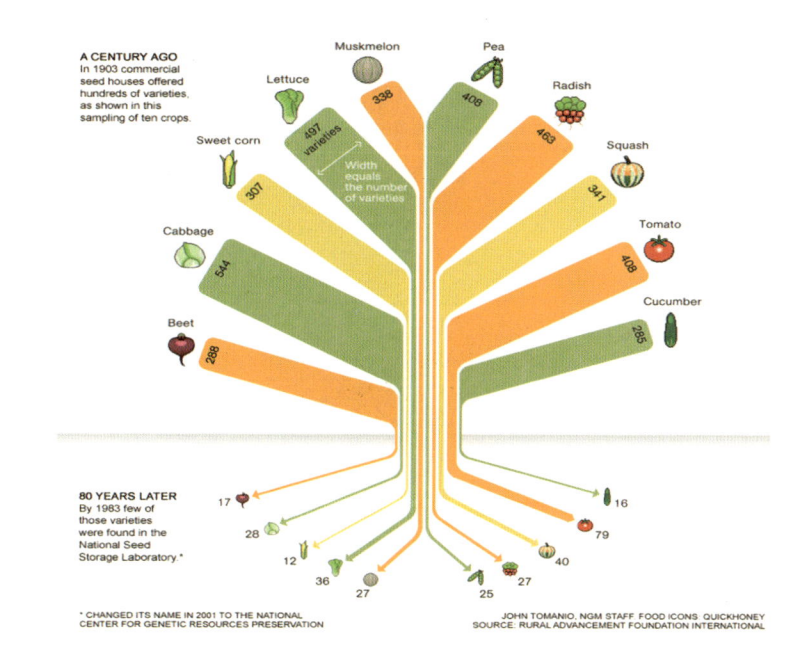

国际农业研究磋商组织（简称"CGIAR"）一项针对100万份种质资源[1]在1973—2000年的去向调查表明，73%的种质资源在发展中国家间流转。可见种子对于发展中国家及其小农户的重要意义。但是少数几家跨国种子公司通过排他性产权制度安排，剥夺了发展中国家小农户世世代代保留和改良种子的权利，强行将种子从公共资源变成少数人获利的囊中之物。

四、征服尽头的困境：作物品种多样性消失

人类沾沾自喜于对自然的征服，似乎获得了一种能够加速社会发展的"超能力"，我们甚至被科学家告知已进入"人类纪"（Anthropocene）——一个人类可以深远和永久改变地球气候和环境的全新地质年代，一个"大加速"的时代。

然而进入"人类纪"的人们也需要知道，正如美国《国家地理》杂志在2011年的文章"Our Dwindling Food Variety"中指出，全世界的作物种类自1903年至今

---

[1] 由亲代遗传给子代的遗传物质，是培育新品种的物质基础。

这个看上去很像科幻片中的建筑就是位于挪威斯瓦尔巴群岛（Svalbard）的斯瓦尔巴德全球种子库（图片来源：Global Crop Diversity Trust）

已减少了97%。联合国粮农组织于2021年发布的一份最新报告中也提到，虽然在过去30年中国际社会在减少全球饥饿方面取得了进步，但"粮食生产扩大和经济增长往往对自然环境带来沉重的负担……几乎一半的曾经覆盖地球的森林现在已经消失，地下水源正在迅速枯竭，生物多样性已经被严重破坏"。

为防止作物品种资源的彻底消失，有识之士在挪威建立了世界末日种子库（The Svalbard Global Seed Vault），保存了约1亿粒来自世界各地的农作物种子。这个保障人类命运的种子库据称可以抵御来自地震和核武器的破坏，但却在2017年遭遇水淹，原因是北极地区气温升高造成的降雨和永久冻土层的融化。尽管种子库本身并没有受到致命的损害，但人类的农业系统面对气候变化的重大挑战——从某种程度上说，它既是加害者，也是受害者——这个例子生动地说明了这一点。

五、新出路：就地保护，恢复种子的共有价值

事实上，比起世界末日种子库遭水淹的新闻，更值得我们关注的是此前关于这座种子库的另一则新闻。2015年，来自秘鲁库斯科社区（Cusco）的印第安原住民代表将750个安第斯马铃薯种子样本送到种子库保存。

这则新闻提醒我们，世界各地的农民和原住民社区才是种子保护和改良的主要参与主体——尤其是那些不采取单一大规模种植的农业系统中的农民，是进行种子就地

送到挪威斯瓦尔巴德世界末日种子库的马铃薯样本是由秘鲁库斯科马铃薯公园提供的。该公园面积超过10 000公顷，由6个印第安社区组建并维护，以保护该地区的生物多样性和粮食安全。秘鲁是马铃薯种植的发源地，拥有数百种独特的种类。农民担心如果没有适当保护，一些马铃薯品种可能会永远消失

保护（In situ Conservation）的主力军。农民依靠长期积累的传统知识、耕作经验和文化习俗，在实践中培育出了大量农家品种和地方品种，有效促进了种子和环境的协同进化。这才是就地保护的真义所在。这种方式不仅为农民提供了生计来源，也提高了作物的气候变化适应性，还能满足消费者的营养和口感喜好，应当被视作种子保护摆脱商业帝国扩张竞争宿命的一条新出路。

复旦大学植物学家钟扬教授名为《种子方舟》的科普视频在社交媒体广为传播，让大众了解到种子保护的重要意义。然而不久后，钟扬教授却因车祸溘然离世，他和他为之献身的事业让我们看到科学家的社会担当。

尽管由科学家主要负责运行的公共保存系统具有非常重要的价值，但现实情况却与此南辕北辙。种子作为农民和社区的共有资源，作为社会公共物品，却被育种者在科研和开发的过程中免费获得并申请了知识产权保护，而农民反而要在市场购买才算合法使用。在这样的情况下，种子早已失去其应有的公共价值。

如果捍卫种子的公共价值是一项社会性工程而不仅仅是技术性工程，农民就地保护种子的价值也应和科学家一样受到同等重视，而非被忽视和边缘化。事实上，中国已经开始有科学家和社会学家投身种子在地保护，和当地农民一起，在这个领域开展各种项目和有意义的探索，这项刚刚起步的任务和钟扬教授留下的未竟事业一样，前路依然充满挑战。

卷四　食物与种子　169

谁才是种子保护的真正生力军

农民种子网络

广西马山土古拉屯的小菜园,多样性的蔬菜种植也让当地的妇女生产小组在对接市场时掌握了更多的主动权和定价权。(图片来源:农民种子网络)

2010年，一场春季大旱突袭广西。

广西农业科学院玉米研究所的程伟东研究员发现，广西大部分地区农户种植的玉米杂交品种全部没有出苗，而经过他们团队和农户一起改良过的传统品种却能够正常出苗。农户一直以来选择种植的传统品种具有耐旱和抗贫瘠的特性，这些经过提纯复壮和改良过的品种，在面对极端天气时，展现出比商品化杂交品种更加顽强的生命力和适应性。

一、旱灾启示录

尽管有关这次中国西南地区大旱的成因未有定论，但经济学家阿玛蒂亚·森（Amartya Sen）的断言是对的："干旱也许是不能避免的，但它们的后果可以。"如果仔细回顾过去半个世纪中国农业生产和育种研究的历史，会发现在面对极端天气时，品种多样性本应成为抵御风险的一面"盾牌"，但当前主流育种研究却将其弃之不用，态度显得相当武断和傲慢。

育种家往往认为，必须要在最佳环境中选育优良品种，适宜推广的作物品种必须要有相同的遗传资源，并且能适应大范围和大规模的种植。不难想象，在以播种面积和产量为主要衡量指标的评价体系中，专业育种家当然更偏爱以高产品种来取代本地传统品种。

高产品种的推广除了出于保障国家粮食安全的考虑，也和巨大的商业利益和市场前景密不可分。中国的种子市场年销售额已达到780亿元，是仅次于美国的第二大种子市场。据数据显示，全国种子企业数量从2011年的8700多家减少至目前的4300多家，而最大的50家企业的市场份额已占到35％！从种子市场获益的并非只有种子企业，2014年，国家财政拨付的良种补贴为214.45亿元，而同期农资综合补贴却达到了1071亿元。补贴政策反映出伴随高产品种快速推广的还有化肥农药的大量施用，后者对生态环境的破坏性影响已无须赘述。

过去的10多年，中国在粮食丰产方面取得了惊人的成绩。中国的常规作物育种工作也似乎显得有条不紊，成果丰硕。但危机不期而至：中国的农作物品种资源保护形势已不容乐观。中国在20世纪40年代种植的水稻品种有46 000多个，但目前种植的品种只有1000个左右；20世纪40年代种植的小麦品种有13 000多个，其中

80%以上是地方品种，而到90年代种植的品种只有500~600个。"第三次全国农作物种质资源普查与收集行动"2017年工作会议公布的信息也进一步证实，我国农作物地方品种和野生近缘种丧失严重，形势严峻。

二、新种子，老问题

为什么要保护种质资源，特别是世世代代掌握在农民手里的当地传统品种？这其中既有生物多样性的考虑，也有应对气候变化以及保护和传承当地饮食文化的需求。

食物不仅能让我们填饱肚子，还具有文化价值，更不用说多样化的特色美食是各个地方彰显其地域特色的骄傲。

上古拉屯是南宁马山县的一个壮族和瑶族村落，这里的村民种植着丰富多样的本地蔬菜品种，形成了很有特色的小菜园景观。在上古拉屯的小菜园里，你可以见到一种长得像兰花的野韭菜，外人觉得既没有普通韭菜的香味，看起来又显老，但当地人就爱用这种野韭菜做汤。还有一种老品种大芥菜，也是缺少卖相——可以长到半米长，但当地人将其切碎焖出的黑豆芥菜却颇受青睐。

上古拉屯的村民对蔬菜品种的选择并不只是为了产量，反而是常规育种工作无视他们多样化的真实需求。由于常规育种的目标更关注产量提升，传统品种的作用和价值也被忽略。这些品种的保护和传承完全依靠农民和当地社区，如果与得到市场和企业双重加持的商品种子抗衡，前者完全处于劣势。

1996年，一项由国际玉米小麦改良中心（International Maize and Wheat Improvement Center）开展的针对中国西南地区玉米品种适应性的研究结果也证实，由公共科研体系和商业种子公司主导的正式种子系统（Formal Seed System）和由小农构成的农民种子系统（Farmers Seed Systems）之间存在着系统性分离。简单来说这种分离意味着，正式种子系统培育出的种子无法适应复杂多变的环境和气候条件，农民不得不继续依靠农民种子系统，种植传统品种。

以广西为例，这里保存玉米种质资源约2700份，其中1700多份是本地品种，但这些材料在常规育种中只得到极其有限的利用。过去二三十年，广西培育出的玉米杂交种仅有3个杂交组合被利用。而随着现代杂交种的推广，本地品种却不断退化和消失。公共科研体系和商业种子公司"并轨"，放弃改良传统品种，转而加大力度推广所谓"高产品种"，迫使西南地区的小农不得不依赖市场才能获得种子。对于耕地面积有限的小农而言，传统品种的提纯复壮和自由串换是保障生计的重要手段，而市场依赖无异于放大了农民在面对干旱等极端天气时的脆弱性。

20世纪60年代，中央文件提出"种子第一，不可侵犯"，这是在当时粮食短缺背景下，为防止种子被吃掉酿成更大灾难而制定的政策，彼时各地生产队的"种子田"制度也能够有效保障粮食生产，但这些具有启示意义和可资借鉴的做法早已被封存在历史深处，被人们遗忘了。

三、老种子，新契机

如何才能让广大农民手中丰富的种质资源得到有效的就地保护和可持续利用？公共育种体系如何为小农服务？中国科学院农业政策研究中心牵头的一项开展了近20年的"参与式选育种试验"多少回答了这些问题。

自1999年起，中国科学院农业政策研究中心和中国农业科学院、广西农业科学院等多个科研机构合作，在广西马山、横县、武鸣、都安等地的农村社区启动了"参与式选育种试验"。试验的主线就是"参与式植物育种"，即为专业育种人员与农民合作改良品种搭建平台，将科学技术与传统知识结合在一起。这个以农民为主体参与的研究团队从当地的玉米品种入手，在专业育种家的协助下，通过去雄[1]和混合选择[2]等一系列杂交技术对品种进行改良。

参与式植物育种（即PPB）也称农民参与式育种，是一种科研人员和农民共同参与、密切合作，进行植物遗传资源改良或品种培育的方法，旨在满足农民需求、强化农民种子系统、解决育种遗传资源基础狭窄和农作物生物多样性减少的问题。在种子不断商品化的当下，参与式植物育种的重要价值体现在保障农民保种育种的机会与合理分享品种改良产生的收益。

---

1 除去雄蕊的花，进行人工杂交授粉的技术措施。
2 按照一定的育种目标，从现有品种或育种材料中选出一定数量外形近似的优良个体，进行混合收获、脱粒、种植的一种育种方法。

PPB试验结果表明，育种专家与农民合作培育出的品种不仅产量更高，对病虫害和干旱的耐受力也更强。农户在这个过程中逐渐意识到本地品种的独特优势，一些农户开始自发种植本地品种。比如广西罗成的古毛社区在PPB项目的引导和支持下重新种植常规水稻，在2009年之前，常规水稻基本上被杂交水稻所替代。又比如都安县弄律社区恢复了"稻—鸭—鱼"的生态种养模式[1]。恢复传统品种种植和传统耕作方式，农户自己首先获得了健康的食物，通过将剩余产品投放市场，农户收入得以增加，生态环境也得到了保护，在社区层面实现了经济发展、品种资源就地保护和改善生态环境的综合目标。

除了育种目标和生产方式的革新，PPB项目也激发了农户的智慧。2013年，经过农户间的交流活动，"桂糯2006"——一种经过PPB改良的玉米品种，被分享到了云南丽江的石头城社区，石头城的妇女张秀云和她的姐妹们开始改良这一品种。在接力过程中，育种专家原本担心石头城的高海拔和相应的夜间低温会影响玉米出苗，于是，对改良品种饶有兴趣的妇女们动起了脑筋琢磨出夜间保温的土办法，即夜间在田边烧柴火，通过余烬释放的热量为玉米出苗进行保温。

中国科学院农业政策研究中心高级研究员宋一青表示："我们的工作证明了，需要建立不同领域的跨界合作来促进乡村的可持续发展，脚踏实地的行动可以带来实实在在的改变。"

左：云南丽江石头城的妇女育种家张秀云
（图片来源：农民种子网络）

右：宋一青（左一）于2017年8月在内蒙古赤峰市敖汉旗考察当地小米品种
（图片来源：农民种子网络）

[1] 稻谷提供生存空间，鸭在水面吃稻谷的虫子或青草，鱼游水中吃水底的植物或浮游生物，同时鱼和鸭的排泄物供给稻谷以养分。

在种子接力的同时，起始于西南地区的PPB工作也有了更大范围的延伸。2013年，"农民种子网络"——一家面向全国、连接基层行动和政策研究的新组织在北京成立。"农民种子网络"成立后，继续推进社区资源登记、社区种子银行建设和参与式植物育种等基础性工作，已覆盖10个省市的26个社区。截至目前，农民通过种子网络登记了548种社区保存的作物品种资源，还分别在云南丽江的石头城、广西横县的三叉村和江苏昆山的绰墩山村建立了3家社区种子银行，希望通过这些机制的探索和创新，让种子保育的路更宽更远。

四、让改变发生

实实在在的改变也需要制度和政策环境的支持，让越来越多人认识到种子的公共价值，其中重要的一步就是认可农民在就地保护种子中所发挥的重要作用。

农民种子网络成员在与农民合作的同时，也致力于为政策制定与立法提供建议。2016年1月1日起新修订实施的《中华人民共和国种子法》第37条款确认和保障了农民的权利，即"农民个人自繁自用的常规种子有剩余的，可以在当地集贸市场上出售、串换，不需要办理种子生产经营许可证"。这为农民自繁自用、出售和串换种子提供了法律保障，也为理论界和实务界进一步推动农民参与育种工作创造了政策空间，相应的研究和试点成果也直接关系到中国的小农农业是否能够应对来自诸如《国际植物新品种保护公约》（UPOV1991）的国际压力。

回顾历史，农业部于1951年提出《五年良种普及计划》之后，农民一时间成为种子保留和选育的主体，种子田制度也让当时的农村呈现出"家家种田，户户留种"的景象。公共科研体系相当重视品种资源的收集和保护，仅1956—1958年，全国就征集到43类大田作物品种21万份和蔬菜作物品种1.7万份，为后来开展品种改良和育种研究提供了品种资源基础。可以说，若没有丰富多样的农家品种作为公共资源，没有公共科研体系的公益性研究积累，很难想象当前占主导地位的商业种子公司能够快速成长和蓬勃发展。

中国的2.4亿小农户是农业生产和种子使用的重要主体，在相对偏远的地区，那里的农民依然比较完整地保存了当地的农耕文化系统，而活态的种子和丰富的生物多样性是保障这些系统能够可持续发展的关键因素。这些经农民世代积累的农业文化

广西横县三叉村的社区种子银行
（图片来源：农民种子网络）

江苏昆山绰墩山村的社区种子银行
（图片来源：农民种子网络）

农民种子网络组织农民之间交流种子和知识（重庆胜天湖村）
（图片来源：农民种子网络）

遗产及其种子系统具有强烈的公共属性，对于反思农业发展模式和建立可持续食物体系具有极大的启发意义。

从2016年开始，企业申请新品种权的数量已经超过科研单位，这是一个令人不安的预兆。这意味着企业对于品种资源的控制进入了一个新的阶段。种子同时作为生产资料和食材来源，既关系到农民的生计也关系到人们的生活品质。再造包容农民就地保护和伸张种子公共价值的种子系统，或许能帮助我们实现可持续的美好生活。

农民种子网络组织的种子展示和交换
（图片来源：农民种子网络）

卷五　食物与艺术

吃，作为一种表演艺术　　　　　　　　　王彦之

艺术与食物的碰撞 一场致力『零饥饿』的艺术行动　　李萌

吃，作为一种表演艺术

王彦之

苏珊·蕾西和芭拉·史密斯，《守夜（合并）》，1978年，第一部分「守夜」，加利福尼亚大学尔湾分校艺术馆（供图：苏珊·蕾西）

苏珊·蕾西和芭芭拉·史密斯，《守夜/合并》，1978年，第二部分「合并」，洛杉矶当代展览馆（供图：苏珊·蕾西）

1978年，美国艺术家苏珊·蕾西（Suzanne Lacy）和芭芭拉·史密斯（Barbara Smith）合作完成了一件名为《守夜/合并》（*The Vigil / Incorporate*）的表演艺术作品。在第一部分中，蕾西和史密斯邀请观众带上睡袋，与她们一同在加利福尼亚大学尔湾分校艺术馆的展厅守夜。蕾西将自己打扮成老妇人的样子，轻抚着床上一具被白布包裹的尸体，而史密斯则将自己扮作一个年轻女孩，在另一张床上玩着玩具。整晚，两位艺术家在墙上书写自己的内心独白，直至凌晨四点，观众都已熟睡。蕾西和史密斯偷偷解开蕾西床上的那具被包裹的尸体——一只被宰杀了的羊羔，并将其悬挂在屋顶，白色绷带好似一对巨大的翅膀，笼罩着整个空间。她们在羊羔尸体下静坐，等待观众醒来。作品的第二部分

卷五 食物与艺术　181

在洛杉矶当代展览馆举行。蕾西和史密斯身穿白衣，把脸涂成白色，在展厅中央的方桌边面对面坐着，四周有序地摆放着大大小小盛装着调味品的盘子。伴随着复杂的仪式，她们安静地享用着一只羔羊腿。与此同时，一群艺术家和学者走进表演空间，用他们所熟悉的文学、戏剧、表演艺术知识对蕾西和史密斯的行为进行解读，演说着各自奇幻而牵强的阐释。[1]

食物，向来被赋予了更深的含义。从宗教典籍到神话传说，再到烹饪技巧、美食论述等工具类书籍，人类从未停止过书写食物。同样未曾缺席的是以食物为题材和媒介的艺术创作。这不禁让人好奇，关于食物的叙述已如此之多，艺术家们为何还乐此不疲地用食物进行创作？食物是人类赖以生存的必需品，而艺术似乎在需求层级的另一端。所谓用艺术探讨食物，究竟挑战了什么？成就了什么？

近年来，越来越多知名主厨被誉为艺术家，餐厅成了一个人们可以期待惊喜、获得多感官体验的场所。吃，即使在日常生活的层面，也不只是一种简单的生物行为。再看2019年为艺术市场画上戏剧化休止符的香蕉闹剧。艺术家莫瑞吉奥·卡特兰（Maurizio Cattelan）用工业胶带将一只香蕉贴在画廊展位的墙上，并将该作品命名为《喜剧演员》（*Comedian*，2019年）。更离奇的是，这只香蕉后来被一名自称"饿坏了"的艺术家大卫·达图纳（David Datuna）从墙上扯下，当众吃进了肚子。暂且抛下何为艺术的争论，可叹的是食物与生俱来的艺术性。它作为一个暂时性的、不稳定的有机生命体而充满了表演性，为此食物和艺术才能在生命光谱的两端无限接近，继而糅合在一处。

纽约大学表演学教授芭芭拉·科森布拉特–金布雷特（Barbara Kirshenblatt-Gimblett）曾在1999年发表的长文《发挥感官：食物作为表演媒介》[2]中指出，食物和表演[3]于观念上有三处重合。第一，表演即做某事（to perform is to do），即执行，是履行生产、展示、丢弃食物等职责的行为。做饭、上菜皆是在完成某种行为。第二，表演即用特定的方式行事（to perform is to behave），这也就是美国社会学家欧文·戈夫曼（Erving Goffman）所说的日常生活中的自

---

1 参见苏珊·蕾西的个人网站：https://www.suzannelacy.com/performance-installation#/the-vigil/。
2 Barbara Kirshenblatt-Gimblett, "Playing to the Senses: Food as a Performance Medium." *Performance Research* 4, no. 1 (1999): 1-2. https://doi.org/10.1080/13528165.1999.10871639.
3 此处的"表演"指的不是狭义的舞台、影视表演，对应的是更宽泛的将一切人类活动当作表演研究的"表演学"概念。

我呈现。食物从生产消费到渣滓处理，各个环节都受到明确的规章制度和文化禁忌的影响。第三，表演即展示（to perform is to show）。当前两种表演被呈现出来，参与者被邀请对其进行辨别、评估、欣赏时，该食物相关的活动便朝着戏剧化的，更确切地说，奇观的方向发展了。在这里，品味作为一种感官体验和审美能力开始融合在了一起。这两层含义的交叠在启蒙美学和印度教的"味论"中都有迹可循。

科森布拉特–金布雷特于20年前为"食物作为表演媒介"的研究奠定了扎实的基础。然而，相较于食物在绘画和雕塑中的图像及其象征意义，我们对食物的表演性仍讨论得少之又少。有赖于食物本身的艺术性和戏剧性，餐饮行业一再模糊着艺术和非艺术之间的边界。这对艺术家而言既是阻力，也是机遇。部分艺术家诉诸的是食物在变成已有艺术形式之前的原始体验，而另一些艺术家珍视的则是基于食物之上的社会意义。可以说，被艺术体制承认的表演艺术（performance art）与具有高度表演性的饮食活动（如品酒品茶、外出就餐、竞技饮食等）本就互相成就。有鉴于此，我试图将两者并置于同一维度进行探讨，让它们再次碰撞，释放未完的潜力。本文将针对我们每个人最熟悉的"吃"这一行为展开。

感官与审美

味道，不同于颜色或形状，不是一种特征或属性，而是一项复杂的活动。[1]它不是既定的，也无法被提前确立。它必须与品尝者一同出现，由后者启动发生。换言之，它不是一个独立的过程，而是我们与外界连接、交互的过程。需要我们去感受、体会食物对我们产生的作用，品尝的行为才算完整。因此，它既是个人的，也是集体的；既是私密的，也是公共的。它是一个双向合作的过程。我们通过"吃"与人交流，也通过"吃"感知世界。

西班牙食物艺术家艾丽西娅·利奥斯（Alicia Rios）就曾在她的表演艺术作品《以三个步骤解构感官》（*Organoleptic Deconstruction in Three Movements*，1993年）中将"咀嚼"这一极为私密的动作转化成一个公开行为。利奥斯将表演所用的食物染成白色和粉色，分成十盘放在讲台上。接着，她开始

---

[1] Antoine Hennion, "Those Things That Hold Us Together: Taste and Sociology." *Cultural Sociology* 1, no.1(2007).

艾丽西娅·利奥斯，《五感宴》(*Fair of the Five Senses*)，1991年，现场图，伦敦国际戏剧节（LIFT），巴特西艺术中心（供图：艺术家和加的斯食物文化档案库）

"咀嚼"这些食物，但用的不是牙齿，而是手指。她将咀嚼的动作从寻常的场景中抽离出来，用更显著的外部感官来替代牙齿、舌头来完成动作。而后她又躺在一个铺满了薯片的透明充气床上，通过在上面翻滚，将"咀嚼"变成了一个全身参与的过程，再次强调了触觉所能带来的非同寻常的感受与感性的一面。[1]她让我们思考，如果亲吻能够给人带来敏感、刺激的愉快体验，为何在品尝美食时，触觉却被放置在了次要的位置？对于品尝，任何可调用的感官，利奥斯一个也不曾放过。她还于20世纪90年代举办了多场"感官音乐会"，通过制作互动装置作品，将来自过去、遥远地带甚至童话故事[2]的符号、声音、口味、气味、肌理等精心编排在一起，打开了观众多感官的大门，唤醒记忆、激起情绪、触发想象[3]。多感官饮食体验对于许多美食爱好者来说或许并不陌生，已有越来越多餐厅开始实践这一用餐理念。例如英国名厨打造的肥鸭餐厅（The Fat Duck）有一道经典菜肴"海洋之声"，将生蚝、蛤蜊、海草以及播放着海浪声的iPod一同放在海螺中呈现给顾

1　参见艾丽西娅·利奥斯的个人网站：http://www.alicia-rios.com/en/food/performances.html。
2　例如《白雪公主》中的苹果、《大力水手》里的菠菜。
3　参见艾丽西娅·利奥斯的个人网站：http://www.alicia-rios.com/en/food/sensory-concerts.html。

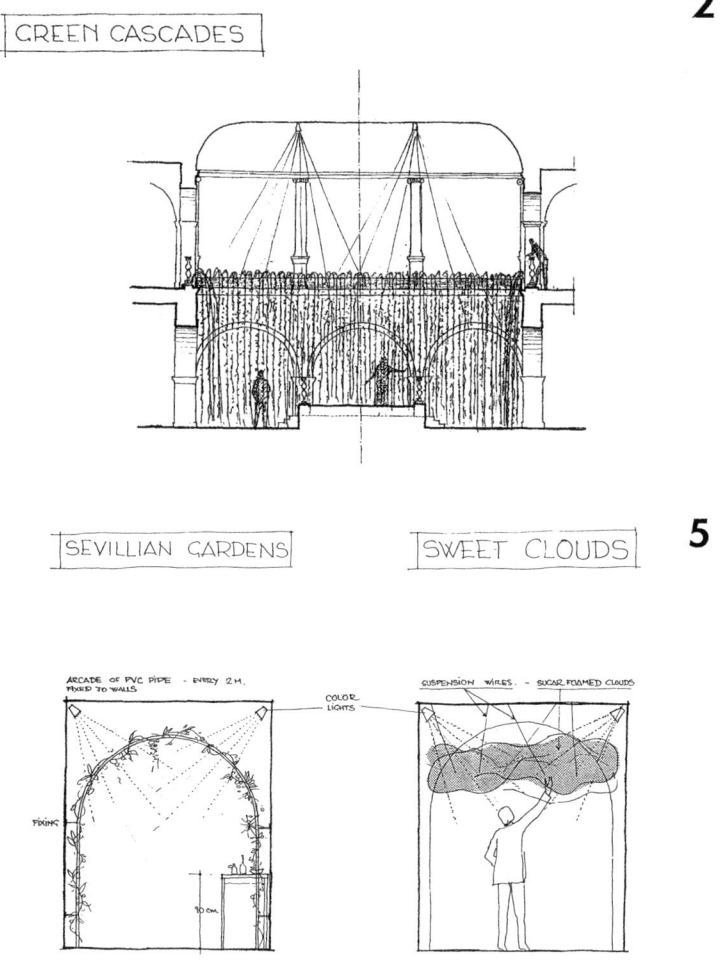

艾丽西娅·利奥斯，《五感宴》，1997年，"蔬植瀑布"区设计图

（供图：艺术家和加的斯食物文化档案库）

艾丽西娅·利奥斯，《五感宴》，1997年，"塞维利亚花园"区和"可食云朵"区设计图

（供图：艺术家和加的斯食物文化档案库）

客。再譬如西班牙餐厅罗卡之家（El Celler de Can Roca）携手跨学科艺术家弗朗·阿勒（Franc Aleu）于2013年推出了一场为12道菜肴量身定做的沉浸式歌剧晚宴——《梦》（El Somni），歌剧共12幕，融合了音乐、投影、诗歌、表演等多种艺术形式，将整体艺术带到了美食的领域。

追本溯源，"赋予感官本身的权利"是20世纪20年代未来主义者的主张。他们将参与进食的感官从食欲和营养中解放出来，建议由药丸或收音机提供养分，把食物留给艺术。他们主张废除或延迟吞咽的行为，将嘴的撕咬、咀嚼功能移交给手，就连牙釉质、鼻腔、食管、胃都成了施展艺术的舞台。不过与利奥斯和前文提及

卷五 食物与艺术　185

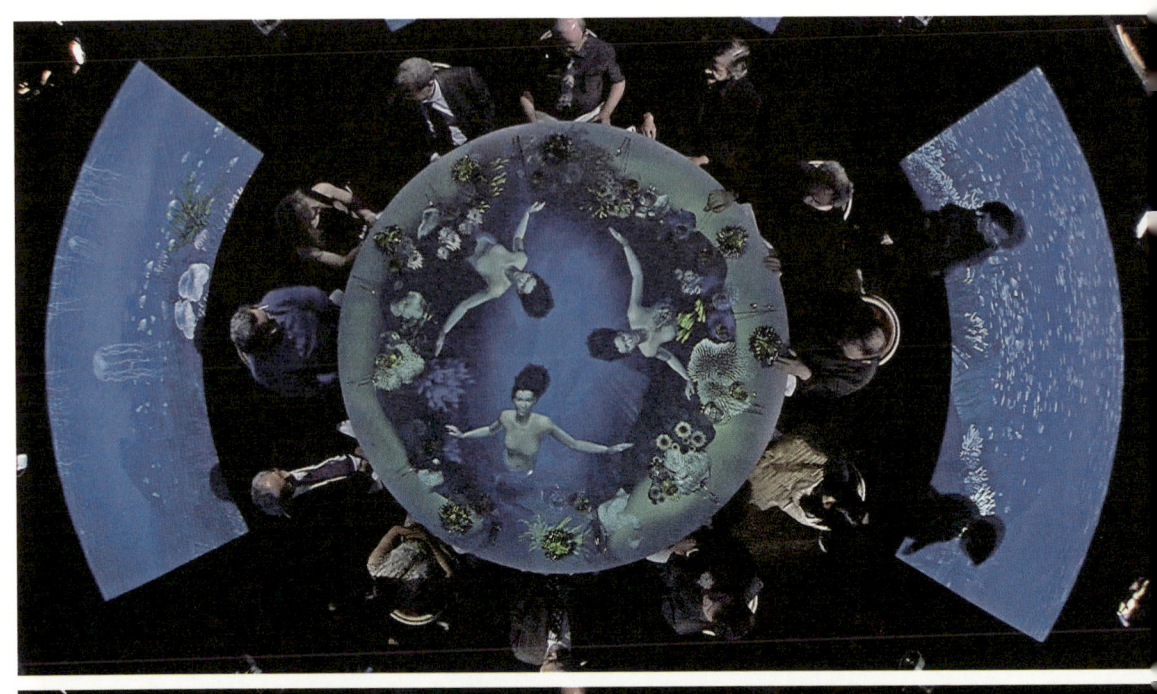

罗卡之家与弗朗·阿勒,《梦》,
2013年,现场图

罗卡之家与弗朗·阿勒，《梦》，2013年，菜品图

的知名餐厅不同的是，未来主义者追求的并非感官上的愉悦，说他们是"黑暗料理"的鼻祖也不为过。代表人物菲利波·托马索·马里内蒂（Filippo Tommaso Marinetti）还专门写了一本《未来主义食谱》[1]，建议士兵在上战场之前将经过电击的生牛肉在朗姆酒、白兰地和苦艾酒的混合液体中浸泡24小时后食用。

西方传统哲学反对食物的艺术性，原因之一在于食物缺乏非功利性的特质。康德认为味觉和嗅觉是实际的，属于"舒适、惬意"的维度，然而美的东西牵涉的却是非功利地对客体形式或外观的沉思，所以感官愉悦是低级的。[2]还有人认为，品尝的目的是直接性的感官满足，人们不会选择不愉快的饮食。但在视觉艺术、文学诗歌、交响乐中，人们不仅把平衡的、舒服的东西视为美，还懂得欣赏扭曲的、悲哀的、不和谐的东西，因此味觉艺术存在局限性。[3]芭芭拉·史密斯于1969年创作的表演艺术作品《仪式宴》（*Ritual Meal*）可谓是对食物非功利性特质的一次探索，因为她给受邀参与表演的16位宾客带来了一次受尽折磨的就餐体验。在料理开始之前，史密斯先是让毫不知情的宾客在门外等了一个小时，喇叭不断传来"请稍等，请稍等"的声音。在换好手术服后，受邀者被8位身着手术服和黑色紧身衣的服务员引导入座。心脏跳动的"砰砰"声在就餐空间内回响，墙面和天花板上放

1　Filippo T. Marinetti, *The Futurist Cookbook*. San Francisco: Bedford Arts.1989.
2　Immanuel Kant, *Critique of Judgment: Including the First Introduction*, trans. Werner S. Pluhar. Indianapolis: Hackett Pub. Co., 1987.
3　Carolyn W. Korsmeyer, "On the 'Aesthetic Senses' and the Development of Fine Arts", *The Journal of Aesthetics and Art Criticism* 34.1975.

映着心脏手术的影片。发放给宾客的餐具均是手术器具,他们被迫用解剖刀切着肉,喝着装在试管里看起来像是血液或尿液的葡萄酒。血浆瓶里装着果泥,芝士上装点着一颗小辣椒,看起来像是某种器官,生鸡蛋和鸡肝更是直接在现场烹煮。据说当晚的食物还算美味,但毫无疑问的是整晚的体验充满了不适和焦虑。[1]

类似的实验还真实地在开门营业的餐厅里发生了。西班牙知名餐厅穆葛利兹(Mugaritz)近年的菜单中有一道当地传统的鱼干点心,主厨明知是难以取悦顾客的料理,却因为它叙述着巴斯克的饮食传统而坚持将其保留下来。网上关于这道菜的恶评不断,主厨安东尼却解释道:"在穆葛利兹的发展进程中有过这样一个关键时刻,我们意识到我们提供的部分东西'不怎么样',但它们的情感力量是无穷的。比如'烤蔬菜和生蔬菜:野生和种植的菜苗和菜叶'这道菜要求用餐者改变自己的意识状态。植物的苦味是难以克服的,这道菜如果脱离了语境,甚至可以说是令人生厌的。这绝对是一件会惹人轻微不适的作品。"[2]换言之,语境开拓了食物审美的可能性,将吃的行为从营养获取和感官愉悦的层面进行了升华。食物之所以具有艺术潜力,是因为它的生产、呈现和欣赏的方式必然把人牵涉到一种互动性的张力之中;食物所能表达的社会、政治、文化、精神、家庭等语境为其在艺术世界中赢得了一个独特位置。[3]所感知的部分并非饮食的全部。在特定的语境之下,食物还传递着人类对世界的洞察和理解。

欲望、仪式与规范

《吃城市》是艺术家宋冬于2003年开始创作的系列作品,现已在世界20多个城市巡回展出。他在志愿者的帮助下把饼干、糖果、奶油、蛋糕当作积木,筑起了一座座虚拟城市,摩天大楼、公园草地、湖泊河流,应有尽有。作品的搭建过程通常耗时一周,但"摧毁"这座城市有时只需要半个小时。如作品名称所示,它们是要被吃掉的。"三,二,一,开吃!"随着主持人一声令下,男女老少兴奋地进入展场。孩子们冲在前面,一边迫不及待地把饼干往嘴里塞,一边把桌上的点心扫到地上;年轻人把"电视塔"尖的甜甜圈取下后还不满意,干脆把大楼放倒;周围的观

---

1 Jennie Klein, "Feeding the Body: The Work of Barbara Smith," *PAJ: A Journal of Performance and Art*, 1999.
2 Charles Spence and Heston Blumenthal. *Gastrophysics: The New Science of Eating*. New York: Penguin Books, 2018.
3 Glenn Kuehn, "How Can Food Be Art?", in The Aesthetics of Everyday Life, ed. Light Andrew and Smith Jonathan M. New York: Columbia University Press, 2005.

众在大快朵颐的同时，不忘拍手叫好。没过多久，这座城市便如预想般被夷为平地。《吃城市》鼓励观众自由取食，不对任何行为设限，意图呈现观众所表达出来的欲望以及超越寻常的社交体验。在宋冬看来，甜与人的矛盾关系和城市很是相似。人们渴望甜味，但甜食却是"美丽的毒药"；欲望构建着人们的生活，却也在侵蚀着我们的一切[1]。甜味的隐喻投射在不同文化中的共性，是这个作品的基础。

说到"请人吃饭"的艺术行为，当然不能不提泰裔艺术家里克力·提拉瓦尼（Rirkrit Tiravanigia）。1990年，他在纽约保拉·艾伦画廊的展览开幕式上给宾客做泰式炒河粉。没有特别的包装或精致的摆盘，只是把最常见的锅碗瓢盆搬到展厅，全然无视艺术机构和日常生活之间的壁垒，用最普通的方式给观众烹制食物。该系列的表演还出现在世界各大美术馆、双年展、香港巴塞尔艺博会等严肃的艺术展场。不知情的观众大概毫不犹豫地把他当成餐饮服务的厨子，但公众的参与和社交的建构恰恰是他作品中最核心的元素。

尽管都是用"吃"来打造社交场所，两人的作品却有着一个不同之处。在开吃之前，尽管短暂，宋冬的甜点城市曾是被观赏、被渴望的对象，表演有着明确的开始时间和限定的场所，观众也事先知晓眼前这座蔚然壮观的城市注定消失殆尽的结局。换言之，观众对自己即将跨越日常的边界、投身一场戏剧化表演的事实深信不疑。或许我们可以用米歇尔·福柯（Michel Foucault）于20世纪60年代提出的"异托邦"（Heterotopia）的概念来理解《吃城市》所创作出的特殊场域。"异托邦"指的是现实社会中被规划或想象出的异质空间。人们在其中投射于一般性社会中无法企及的愿望或行为，譬如主题乐园、蜜月旅行、节日庆典等，均是将我们的时间经验抛掷在外，从而反射出日常空间的存在。[2]宋冬用食物建造出的城市也是如此。它颠覆了我们习以为常的生活，饮食规范可以在此暂时消失。

生活中有着太多被我们自觉或不自觉规划出来的异托邦，其中围绕饮食展开的自然也不少。品酒是一个典型又有趣的例子。科森布拉特–金布雷特曾说过一句有关葡萄酒的金句，被学者广泛引用："葡萄酒是有生命的。它历经多年成熟，在几小时

---

1 "宋冬'吃城市'：用欲望摧毁它"，https://www.artnetnews.cn/art-world/songdongchichengshiyongyuwangcuihuita-75869。
2 Michel Foucault. Text Context "Of Other Spaces," trans. Jay Miskowiec, *Diacritics 16*, no.1, 1986.

内就会发生变化。它是一个事件。"[1]尽管细细想来，食物不也是如此吗，但葡萄酒似乎总是头顶迷人光环，品酒更是一门高深莫测、让人望而却步的学问。知名度高、规模较大的酒庄通常会将酒庄的参观导览作为品酒套餐的一部分。讲解员一边讲述酒庄历史，介绍葡萄酒酿造过程，一边给品尝者的杯中斟酒，并针对那款酒的风味作深入介绍。一个套餐通常包括四到五杯依次排列的葡萄酒，每杯的量控制在1~2盎司（相当于30~60毫升）。小型的家庭式酒坊在互动上或许更随意一些，品酒活动直接在吧台边进行，但流程和形式都大抵相似，与日常"饮酒"有着明显的区别。不同于在家或在酒吧喝酒，品酒是一个互动的过程。想要安安静静地"喝闷酒"或者喝得不省人事都是不可能的。酒的多少、品种和顺序均由不得自己决定，最重要的是，品尝者需要将自己的感官体验、审美喜好以及对葡萄酒的客观评价进行公开阐述。

可以说，是语言工具将品酒活动变成了一场社交戏剧。在这场戏剧之中，参与者既是观赏者，也是表演者。一方面，语言把稍纵即逝的私人经验转化成可以长久保存并与他人分享的集体经验。另一方面，专业术语捍卫着品酒的仪式性，将饮酒变成品酒，将品尝变成品鉴，将对感官满足的追求转变为对事物的客观欣赏。就像英国诗人柯勒律治（Samuel Taylor Coleridge）所说的那样，想要更好地享受戏剧中的奇幻世界，就得"暂时摒弃怀疑"，相信舞台上一切非真实的东西。形容甜度的"干"，形容口感的"脆爽"，形容香气和味道的"果味""花香""橡木味"等，哪怕实在无从分辨，对这套独特语言体系的绝对信任仍是享受品酒的关键。尽管以上所说的品酒规范并不存在强制性，但旁人对品尝者评判葡萄酒的期待却同样有效。

个体在公共区域难免被社会心理所裹挟，但即便在独自进食时，我们的饮食行为也依然是与集体交涉的产物。L.A. Raeven是一对荷兰的双胞胎艺术家组合，她们在2006年拍摄了一部时长45分钟的彩色短片《凯丽》（*Kelly*）。影片中的主人公凯丽因为铺天盖地的食物选择而感到焦虑，担心自己会选错食物导致身材走形，于是走遍纽约的高端超市，将免费样品带回家试吃。食物从选择到最后进入我们的嘴里，其间经历了一个充斥着皮埃尔·布尔迪厄（Pierre Bourdieu）所说的"惯习"的漫长过程，一举一动无不受到了习惯习俗、礼仪规范、规章制度的约束与影响。

---

1 Barbara Kirshenblatt-Gimblett, "Playing to the Senses: Food as a Performance Medium," *Performance Research 6*.

在饮食惯习的物质表现中，餐具是极具代表性的。2006年，纽约的库珀·休伊特设计博物馆举办了一场名为"投喂欲望：餐桌上的设计与器具，1500—2005"的展览，展示了近5个世纪以来的欧洲和美国的餐具设计和餐桌装饰。17世纪晚期以前的欧洲，曾有过一段流行自带餐具出行的时期。富人将餐具放在鞘中，挂于腰间，精心打造的餐具把柄裸露在外，彰显着主人的身份和品位。这一风尚虽大大推动了欧洲金银器装饰工艺的发展，却在17世纪被禁奢法禁止，而且餐具只能以折叠的形式被放在袋中。如此一来，餐具在器形和装饰上也发生了相应的改变。[1] 不过最让策展人之一达拉·戈尔斯坦（Darra Goldstein）感叹的还是美国的镀金时代。"可怜可怜美国镀金时代的暴发户吧！"她说道，"他们或许有钱，但仍渴望阶级。他们那奢华的餐桌摆盘所揭露的焦虑不亚于他们的财富。"餐具制造商通过

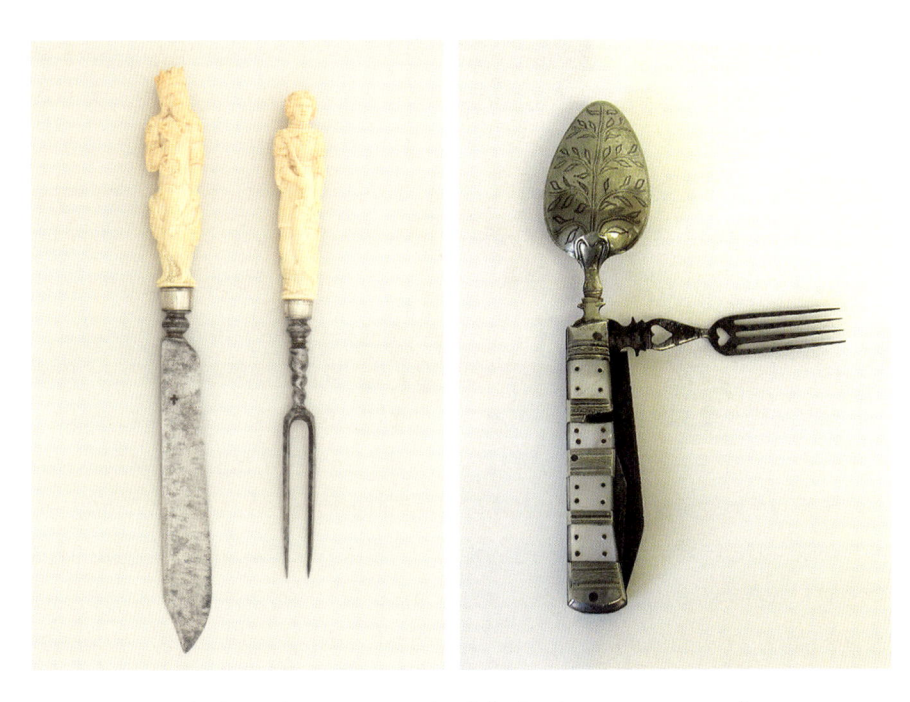

左：刀叉（或源于德国），制造于约1600—1700年，象牙、银、钢，22.2 cm×2.3 cm 和18.7 cm×2 cm，罗伯特·L.梅岑伯格（The Robert L. Metzenberg Collection）藏品，埃莉诺·L. 梅岑伯格（Eleanor L. Metzenberg）赠，1985-103-176-a和1985-103-176-c

右：旅行餐具组（斯堪的纳维亚或德国），制造于约1780年，珍珠母贝、黄铜、钢，21.9 cm×4.5 cm，罗伯特·L.梅岑伯格藏品，埃莉诺·L. 梅岑伯格赠，1985-103-135

---

1 Alfred Trumble, "The Fine Art of the Table," *The Art Collector: A journal Devoted to the Arts and the Crafts VI*, no.1 (Nov 1, 1894).

精明的广告鼓励着最为疯狂的消费方式，发明了一堆千奇百怪、实用性却极为有限的餐具，薯片夹、炸鸡钳、黄瓜上菜勺、牡蛎匙、沙丁鱼铲、腌黄瓜片叉和长柄小汤勺等在当时竟是家中必备，以至于1925年，时任商务部部长的赫伯特·胡佛（Herbert Hoover）不得不介入，下令禁止餐具套件超过55件。[1]当然即便如此，也算得上是一大奇观了。如果说餐桌礼仪是餐具的一种延伸，我们至少可以意识到一点，如今被普遍视为经典的西方餐桌礼仪或许是传统的，但从未有过正统的餐桌礼仪一说。怎样才算"好好吃饭"，古往今来都是一个有待商讨的大命题。世界在改变，食物在改变，"吃"的正确方式也在被时时思考、重新定义。

"可持续"是近年来在国际范围内持续发展的概念。我们中的大部分人时常也会对自己的饮食习惯进行反思，为浪费食物、产生塑料垃圾而感到愧疚。但不幸的是，对社会习惯的盲目遵从往往比我们内疚不安的情绪更强大。我们不会走进超市，将食品包装还给店家。我们也不会走进餐厅，提出要吃别桌没吃完的食物。挑战常规对于生活在气质斯文的维也纳的艺术家组合哈尼和邦尼[2]而言，也不是一桩易事。因此他们常常在表演时把脸涂得煞白，抹上艳丽的腮红，穿着夸张大胆的服装，干脆用"错误进食"的戏谑表演来探索食物新的可能。哈尼和邦尼在调研中发现，欧洲每年会推出将近一万种食物新品。世界不需要更多的食品设计，但他们可以做的是从设计史、设计原则、资本市场中脱身，对固有的饮食习惯发出叩问，开创看待食物的全新视角[3]。在《可持续进食表演2》（Sustainable Eatshow 2，2016年）中，他们面对面坐在一家寻常的咖啡店，身上用保鲜膜像木乃伊一样缠了一层又一层，桌上的食物也被裹得像没开封的真空包装。他们用剪刀在保险膜上裁出几个洞，穿过洞找到刀叉和食物，然后一本正经地吃了起来。[4]在卓别林式的表演背后，是他们对食品包装和保质期限标注标准的质疑。食品安全是人类生存的重要课题，但让哈尼和邦尼愤愤的是，食物厂商屡次将保质期当作行销工具，让消费者把人类的直觉与经验抛诸脑后，甘愿沦为食物浪费的帮凶和傀儡。在《可持续进食表演3》（Sustainable Eatshow 3，2016年）中，斯杜玛哈坐在一家高级餐厅里表演吃鸡蛋。她优雅地将鸡蛋壳剥开，用叉子把蛋黄挖出，和蛋壳堆在一起，

1　Darra Goldstein, "Feeding Desire," *Gastronomica* 6, no. 2, 2006: iii-iv.
2　Honey and Bunny, 由马丁·哈布利斯莱特（Martin Hablesreiter）和索尼娅·斯杜玛哈（Sonja Stummerer）夫妻二人组成。
3　Nora Caplan-Bricker, "The Wastefulness of Modern Dining, as Performance Art," *The New Yorker*, August 26, 2016.
4　参见哈尼和邦尼的个人网站：https://www.honeyandbunny.com/projects/40/sustainable-fooddesign。

左：哈尼和邦尼，《可持续进食表演2》，2016年，1分23秒
（图片由艺术家提供）

右：哈尼和邦尼，「可持续食物设计」项目
（图片由Honey & Bunny/Daisuke Akita提供）

然后用刀叉把蛋白切成小块，一点一点送进嘴里[1]。"吃蛋白，扔蛋黄"是许多养生或者健身爱好者熟知的配方。在不摄入多余脂肪的情况下补充蛋白质，听起来科学高明，浪费也显得有理有据。然而只有在哈尼和邦尼令人啼笑皆非的演绎下，观众与寻常的进食行为拉开距离，麻木的神经才变得敏感，自我审视才变得容易。原来被我们视为惯例、传统、秩序的行为，有时就和小丑表演一样随性武断，站不住脚。"好好吃饭"四个字的背后应当是对饮食规范的不断审视和再生产，而不变的是对食物的尊重与敬畏。

从食物设计，到饮食设计或者"吃"设计，该设计理念的先行者是荷兰设计师玛瑞吉·沃格赞（Marijie Vogelzang）。对她而言，食物已是大自然最完美的设计，她想要探索的是作为动词的"吃"，以及人与食物之间的深层联结。在过去的20年中，她已经发起了一系列与饮食相关的教育性社会项目，为食品产业创作了大量艺术装置和创意设计，也组织策划了诸多相关主题的展览。在沃格赞的早期作品《共享晚餐》（*Sharing Dinner*，2005年）中，她邀请了40名互相不认识的参与者坐在长桌的两

---

1 参见哈尼和邦尼的个人网站：https://www.honeyandbunny.com/projects/40/sustainable-fooddesign。

卷五　食物与艺术　　193

玛瑞吉·沃格赞，《共享晚餐》，2005年，现场图

（图片由艺术家提供）

边，将头和手穿过她事先挖好了洞的白色布幔，共享圣诞晚宴。料理被拆分为两半，分别放在面对面的两个盘中，鼓励参与者与陌生人交流互动。象征着社会身份的服饰被从天而降的巨大布幔隐藏，就连多礼腼腆的日本人在穿过布幔的那一刻也立即变得放松自在起来[1]。

在沃格赞的诸多社会参与式作品之中，用食物传递爱和人文属性是一个永恒的话

---

1 参见玛瑞吉·沃格赞的个人网站：https://marijevogelzang.nl/。

玛瑞吉·沃格赞，《吃·爱·布达佩斯》，2011年，现场图（图片由艺术家提供）

题。"喂食"作为进食行为中最为独特的一种，是其作品中反复出现的表演形式。《吃·爱·布达佩斯》（*Eat Love Budapest*，2011年）是在布达佩斯游船上举行的一个为期三日的表演艺术作品，沃格赞邀请10位吉卜赛妇女选择对自己有特殊意义的食物，一对一地给陌生人喂食。被投喂的除盘中的餐食之外，还有她们自己的人生故事。沃格赞设计制作了10个类似儿童秘密基地的小型帐篷，帐篷内挂着该吉卜赛妇女的个人涂鸦、食谱、照片和文字。布帘将投喂者和被喂食者隔开，双方都不会看到彼此的脸。等受邀者就座后，吉卜赛妇女会先洗手，然后像母亲一般一边讲故事，一边用勺子或直接上手给参与者喂食。她们的手腕上还戴着一条专属于自己的香气手环。喂食结束后，吉卜赛妇女先行离开，受邀者在走出帐篷后，可以取走帐篷上方散发着同款香气的气球。气味虽转瞬即逝，无法储存，但一旦再次遇到，却是最能即刻侵入记忆的。作为一种极其亲密的行为，喂食在我们的生命中通常只会持续一段非常短暂的时期。允许食物经由他人之手进入我们的身体，需要我们卸下心理防御，建立信任与合作，主动迎合对方的手，接受对方为我们做的选择，它为理解与共情提供了滋润的土壤。《镜食》（*Edible Reflections*，2015年）是沃格赞围绕"喂食"展开的另一件互动装置作品，它由瑞典展览局委托，为促进本地人与移民之间的情感交流而作。参与者在双面镜的两边相视而坐，镜子在嘴巴的位置有个空缺，参与者一边看着镜中的自己，一边根据耳机中的提示冥想、自省、给对方喂食[1]。

---

1 参见玛瑞吉·沃格赞的个人网站：https://marijevogelzang.nl/。

卷五 食物与艺术 195

玛瑞吉·沃格赞，《镜食》，2015年，现场图
（图片由艺术家提供）

共食是天然的社会黏合剂，它的情感力量远比我们想象中的更强大，即便在食物本身缺席的情况下也不例外。《餐桌礼仪》（Table Manners）是非裔艺术家吉娜·萨罗-维瓦（Zina Saro-Wiwa）自2014年起在尼日尔河三角洲创作的系列影片。影片以表演者姓名和菜名命名，记录了多位当地居民背靠墙，坐在方桌前，凝视前方，一言不发，独自用手吃完一顿饭的过程。艺术家邀请观众坐在电视面前，与屏幕中的表演者一同"用餐"，不过观众的面前没有食物，他们要做的只是看。在表演者与观众四目相对的那一刻，共餐的关系立即得以确立。尼日利亚人用吃饭的姿势诉说着他们的身份，而盘中的餐食则代表着他们的土地。萨罗-维瓦通过让观众观看进食的方式，将围绕尼日尔河三角洲石油开采展开的日常生活和文化现实"吃"进自己的身体。从脚下的土地获取食物，再用自己的身体对当地景观进行塑造，"吃饭"这一不间断的日常行为上升成了一场尼日利亚人的顽强对峙——对被迫与家乡土地割裂的坚决抵抗。[1]观众对于被改写、被涂抹、被忽略的三角洲现状或许了解不多，但"共同就餐"所带来的强烈共鸣却是直接的、超验的且跨越了语言文字屏障的。都说食物有着超乎想象的治愈能力，回头再看《餐桌礼仪》中尼日利亚人的进食动作，他们的手在嘴和盘间来回移动，反反复复，令人出神，果真像在缝合伤口一般。

1　参见吉娜·萨罗-维瓦的个人网站：http://www.zinasarowiwa.com/video/tablemanners/。

艺术与食物的碰撞

一场致力"零饥饿"的艺术行动

李萌

"行动造就未来"展览海报

民以食为天,食物是每个人赖以生存的必需元素,亦如阳光、水与土壤。人类与食物的关系密不可分,随着人类社会的发展,科学技术的进步,食物与文化、社会、艺术以及为我们供给食物的地球之间的联系愈来愈紧密,而这种多层面的交织亦让我们在看待与解决各类问题之时可以寻求多角度、多方面的解决之道。同样,无论是社会与环境的可持续发展方面、对生命的思考方面还是介入民生问题等其他方面,艺术亦为我们提供了一种思考的力量与解决问题的方式。

卷五 食物与艺术 197

2018年11月27日，由左靖、汪涵策划的一场名为"行动造就未来——到2030年能够实现全球零饥饿"的艺术展在北京的悦·美术馆拉开序幕。这场为期两周的展览展示了一系列由中国、美国、法国、荷兰、日本和泰国的知名艺术家所创作的装置、电影、文献和摄影作品。展览共分为三个板块，分别是"过去的现在""现在""现在的未来"，以时间为轴线从艺术视角阐述了过去、现在以及可预见的未来之中我们所面临的食物、生存、环境、生活等问题。旨在鼓励公众参与实现全球"零饥饿"的目标，亦鼓励更多的年轻人参与进来，打破艺术与非艺术的界限，在思考与解决社会问题中展示出他们的艺术和创意的力量。"零饥饿"的概念是与人类以及环境的可持续发展紧密联系的，亦是世界各国目前依然面临的问题。同样，艺术作为一种教育和传播的力量，应该为解决贫困、饥饿以及环境问题贡献出应有的力量。食物与生存是这个世界长久以来都无法回避的问题，策展人左靖是文化乡建的代表人物，他认为："艺术理应致力于发现并揭示这个时代的深刻危机，并通过视觉和听觉等形式，把问题清晰地传达给观众，以便积蓄采取进一步行动的认知与力量，而通过此次展览，通过我们的行动，在食物与生存这一核心主题上，希冀可以造就一个没有饥饿的未来。"

饮、食、呼吸：健康与环境

从饥饿到浪费，从餐盘到地球，从农耕文明到后工业文明，食物与人、社会与环境之间有着紧密的联系。从艺术的角度来审视这些问题，亦从特定的角度反映了这个世界发展的历史贯穿于我们的过去、现在与将来，对于我们理解过往历史、解决当下问题，以及面向未来的发展提供了观察的方式、思考的蹊径以及新的解决之道。

在此次展览之中，亦有很多作品对此作了深刻的思考与探讨。例如作品《回宅》，是建筑设计师梁井宇团队的"理想家"研究项目，始于对传统家庭生活中食物制作全过程的观察。围绕食品制作而设计的"理想家"，展示了低物质条件下的质朴美感，去除现代化的便利设施，享受家庭协作的劳动乐趣以及再生资源循环利用等，致力于追求古代文人所提倡的"一箪食，一瓢饮"的质朴境界。

与此相对应的作品还有美国艺术家阿里札·叶利阿扎罗芙（Allza Ellazarow）的摄影作品《物尽其用》和《农场动物》，阿里札惊讶于美国人对食物的惊人浪费，于是就将丢弃在餐桌上的食物以荷兰景物画的方式重新搭配灯光进行拍摄创作，使

《回宅》,"行动造就未来"展览现场
(摄影:王国慧)

《物尽其用》,阿里札·叶利阿扎罗芙(美国),"行动造就未来"展览现场
(摄影:朱锐)

《农场动物》,阿里札·叶利阿扎罗芙(美国),"行动造就未来"展览现场
(摄影:朱锐)

卷五 食物与艺术 199

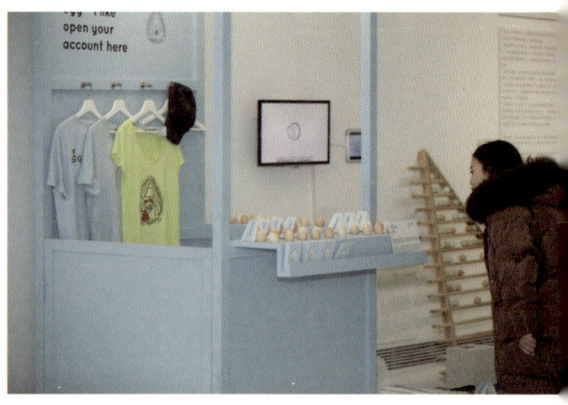

这些"废弃物"呈现出油画一般典雅的效果，亦重新焕发出惊人的美丽与活力，以此来提醒大众要珍惜食物，关注环境。而随着社会的发展，各种环境问题陆续出现，严重影响着地球的可持续发展，而通过个体的饮食方式、生活理念的调整，就可以改善我们的环境。

作品《平静的革命》即向大众反映了这一主题。该作品讲述了日本"3·11地震"导致的核电站事故后，一群不依赖大系统而以自治的方式解决地方生活所需的能源，同时朝着恢复真正富足的地域生活水平的在地生活者的故事。比如在村子里建设水电站，联合农家与城市消费者共同推出"市民风车"等。这些行动者以自主自立的方式利用自然，以平静的态度直面生活，进而改变了地域生活环境。

此外，在此次展览中，亦有一些艺术家展现了对未来粮食生产与消费的畅想与设计，例如玛瑞吉·沃格赞的作品《吃设计》，即充满了对未来食物的深度思考与奇思妙想的创意，食物不只是讲述故事的工具，更蕴藏着丰富的人文故事与价值。

从艺术的角度呈现饮食中的文化现象，使我们对生命问题的思考有了新的启发。例如，此次展览中陈旻和约瑟夫·加利克斯（Joseph Gallix）的作品《拜拜，铁托！》即反映了小麦生产已被多种杂交品种垄断，很多品种已从市面上消失的现象。60件小麦样本以证件照的方式拍摄，并以灯

左：《吃设计·体积感》，玛瑞吉·沃格赞（荷兰），"行动造就未来"展览现场（供图：悦·美术馆）

右：《吃设计·鸡蛋交易所》，玛瑞吉·沃格赞（荷兰），"行动造就未来"展览现场（供图：悦·美术馆）

《拜拜，铁托！》，陈旻（中国）、约瑟夫·加利克斯（法国），"行动造就未来"展览现场
（供图：悦美术馆）

《海芽》，汤南南（中国），"行动造就未来"展览现场
（摄影：王国慧）

箱的形式展示着金黄麦穗的雅致之美。事实上，题中的"铁托"，是一个被法国农业部从种子名录中去除的品种名字，目前只限于私人收藏。小麦作为粮食，与人的饮食文化有着密不可分的关系，小麦的被取代亦标志着与之相关联的部分饮食文化的流逝，对于这种反映在食物之中的传统文化的流逝，我们又该何去何从？

此外，艺术家汤南南的作品《海芽》，亦讨论了食物与时间、记忆、乡愁以及生死等命题。《海芽》由几十根竹笛组成，这些竹子均来自作者家乡漳州渔村，在竹管中填满了杭州的泥土，土中培植了油菜苗和黄豆苗，在展期内仍持续生长。人生亦是如此，少年成长于家乡，成年之后为求学、为生活颠沛流离至外地，生命亦在不

卷五 食物与艺术 201

同的泥土之中开始了新的希望与成长。

艺术家对食物、人、社会与环境的思考与探索远不止于此。人类的饮食行为对环境究竟产生了哪些影响？如果我们减少动物类食物的消费，地球是否会更健康？农业是造成气候变暖的原因还是遏制气候变暖的潜在工具？如何推动可持续饮食？绿色食品是否对环境友好？这些关乎可持续发展的问题，艺术家亦为我们提供了不一样的思考路径。例如，艺术家蒂埃里·布托尼耶（Thierry Boutonnier）的作品《向奶牛解释产奶目标》就用了戏谑的方式将人与管理奶牛产奶的关系展现出来，将人类所面临的食物与环境问题展现在奶牛上，以期解决。

还有阿历克斯·布鲁纳（Alexa Brunet）的系列作品"反乌托邦"中《农业土地的消失》《农药》等，就是通过对环境污染的表现来探讨我们的食物与人的生存问题。

食物、艺术与生命

自古以来，美食的热爱与追求者不在少数，食物自诞生以来就与人类的文化息息相关，"一箪食，一瓢饮"并不止于食物表面的朴实，更在于古往今来人们对生活方式以及审美文化的探究与身体力行。饮食文化之中承载着人类对美好生活的向往以及对美、对生命等问题的思考。

艺术家宋冬的作品《无用之用——大白菜》亦探讨了这一主题，这一装置作品由破旧的窗框组合而成，透过窗子，里面有一棵陶瓷大白菜。这是其

左：《向奶牛解释产奶目标》，蒂埃里·布托尼耶（法国）
（图片源自网络）

中：《农业土地的消失》，阿历克斯·布鲁纳（法国）
（图片源自网络）

右：《农药》，阿历克斯·布鲁纳（法国）
（图片源自网络）

《食物的家》,九樟学社(中国),"行动造就未来"展览现场
(摄影:朱锐)

《拾穗》,黎平县地方农业物种保育场(中国),"行动造就未来"展览现场
(摄影:王国慧)

《无用之用——大白菜》,宋冬(中国),"行动造就未来"展览现场
(摄影:王国慧)

卷五 食物与艺术 203

近年来废物利用创作的一系列作品之一。一方面，大白菜曾是中国北方冬季的主要蔬菜，承载着大众昔日的冬日记忆，是北方饮食文化中不可或缺的一块；另一方面，宋冬将白菜这一元素安置于由破旧窗户所组成的容器之中，亦阐释了食品的"剩余价值"。

除此之外，还有诸多艺术家通过对食物的艺术性创作来探讨生命的价值与意义。比如，英国的女艺术家阿尼亚·加拉乔（Anya Gallaccio）的苹果树作品《因为我不能留住2002》（*Because I could not stop 2002*），此作品于2003年获得了英国艺术领域最具声望的"特纳"奖。作品使用了一棵被削剪过枝条的青铜苹果树，树上固定了上百个红透了的真苹果，随着时间的流逝，曾经象征希望的红苹果在枝丫上慢慢腐烂变质。在这一作品中，加拉乔通过苹果本身的气息与味道来对观者产生影响，并借此讨论生命和时间的关系。

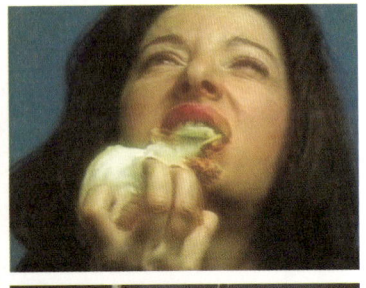

1	3
2	4

1　《因为我不能留住2002》，阿尼亚·加拉乔（英国）（图片源自网络）
2　《无题（罗斯的洛杉矶肖像）》，费利克斯·冈萨雷斯-托雷斯（美国）（图片源自网络）
3　《洋葱》，玛丽娜·阿布拉莫维奇（塞尔维亚）（图片源自网络）
4　《油脂椅》，约瑟夫·博伊斯（德国）（图片源自网络）

费利克斯·冈萨雷斯−托雷斯（Felix Gonzalez-Torres）在其作品《无题（罗斯的洛杉矶肖像）》中亦采用了成堆的糖果来纪念其爱人罗斯的离世，总重约175磅（约80千克）的糖果代表了罗斯健康时的体重，每位观众都可以带走一颗糖，糖果的减少代表了罗斯日渐消瘦的身体。生命的消亡令人唏嘘，融化在观众口中的"罗斯的洛杉矶肖像"却依然回味甘甜。与之不同的有艺术家玛丽娜·阿布拉莫维奇（Marina Abramović）的行为作品《洋葱》，其借助洋葱探讨了大众日常生活中所面对的诸多压力以及人们掩藏起来的内心脆弱的一面。在作品中，阿布拉莫维奇大口咬食着洋葱，同时还会发出抱怨的声音："我厌倦了经常换班，在候车室长时间的等候；我厌倦了做更多职业的决策；我厌倦了美术馆和画廊的展览开幕式，无休止的招待会；我厌倦了假装对谈话感兴趣；我厌倦了我的偏头痛；我厌倦了总是爱上错误的人。我想变老，变得很老，我觉得没有什么是重要的……"阿布拉莫维奇越来越激动，口水从嘴里流出，口红褪去了颜色，洋葱沾在了她的脸上，咀嚼速度逐渐减慢。这件作品挑战了艺术家生理和心理的双重极限。

此外，还有约瑟夫·博伊斯（Joseph Beuys）的作品《油脂椅》，他在一把木头椅子上堆满了油脂，并在其中插上一支温度计，隐喻其对于生命的拯救和治疗，椅子是人体结构和秩序的象征，而油脂意味着疗伤，它是可以随温度发生变化的一种混沌物质。博伊斯认为，"混沌可以具有治疗的特质"。这件作品与博伊斯在第二次世界大战时的飞行员经验相关。

作为艺术民主化的媒介

民以食为天，道出了食物对于人们日常生活的重要性。当以食物为工具，以吃为技法，就给艺术创作提供了自由，进而为博伊斯所言的"人人都是艺术家"提供了可能。除此之外，食物还象征了生命、时间等，影射了历史、地理和文化的背景。食物，在此打破了艺术与生活的界限，亦成为艺术民主化的媒介。D & Department Project的参展作品《47面》，就是其在日本47个都道府县创建基地，通过餐饮、商品和旅游来重估每个地域的设计独特性。比如，他们从日本47个县收集了最具代表性的面条，而每种面条的生产方法、材料与食用方式，都让旅游者进一步了解产地的风物人情。

除此之外，还有美国用食物表达艺术的女艺术家珍妮弗·鲁贝尔（Jennifer

《47面》，D&Department Project（日本），"行动造就未来"展览现场
（摄影：王国慧）

[50 Cakes]，珍妮弗·鲁贝尔（美国）
（图片源自网络）

Rubell）的诸多作品亦都采用了食物作为媒介。例如，*50 Cakes* 是其在迈阿密艺术节上的作品。鲁贝尔买了50个不同口味的奶油蛋糕，寻找了50个不同种族、穿黑色衣服的"饲养员"坐在舞台上，每个观众进来后找到一个"饲养员"，将嘴张开，"饲养员"就会用一个勺子喂一口蛋糕，每人只能吃一口，使用过的勺子会被丢弃在地上。这一作品通过蛋糕、"饲养员"投喂以及大众参与的方式来完成。在这件作品中，人人都成了艺术家。

206　碧山14　食物

"行动造就未来"展览现场
（摄影：王国慧）

艺术家奥拉维尔·埃利亚松（Olafur Eliasson）曾说过："没有食物，一个人会死去。然而没有艺术，人同样也不能活，只是离开世界的速度有快有慢而已。"食物和艺术，本就是平等且密不可分的。艺术的介入，为饥饿与贫困、浪费与生态资源的可持续发展等社会问题提供了新的观察方式与解决路径，还让我们对饮食、生活、生命的意义与价值有了新的思考。而人类与食物的依存关系，既为艺术创作提供了自由，亦为艺术的民主化提供了媒介，使得人人都是艺术家成为可能。在这个自转、公转不停歇的世界中，艺术与食物的碰撞，打破了艺术与非艺术的边界，给我们带来了不一样的花火！

卷六　文与字

数米：米字八十八

《麦·三三三》追记

朱琺

朱琺

数米：米字八十八

朱赢

1983年7月，冯友兰（1895—1990）给同庚的友人金岳霖（1895—1984）写了一副贺寿联："何止于米，相期以茶；论高白马，道超青牛。"下联中对仗的白马、青牛，分别用了公孙龙和老子的典故，与两个人所擅长的逻辑学及哲学史相关，而上联则提到了一个"米"字和一个"茶"字。之所以在贺寿的场合用这两个字，可不单是从食到饮，由温饱的需求出发而追求雅致与格调的意图，须知这里暗含了两个数字："米"可以拆成八十八；而"茶"字，上面两个并列的"十"，即"廾"也可视为"廿"字，等于说是二十，而下面亦是一个八十八，加在一起是一百零八。这表达了冯先生予金先生相互勉励长寿的美意：不止于现在88岁的"米寿"之年，我们要一起约着过108岁的"茶寿"！

米 粜 粪 糊 粿 精 粞 糀
粎 糡 精 粉 粯 糯 粕 采
来 咪 眯 迷 枀 佘 屎 粪
粑 糩 类 籼 籽 糕 粗 氣
料 粆 籹 籵 籹 粒 粙 断
菊 匊 冞 粗 糙 渊 粘 肅
籴 粧 粦 粱 粮 粲 粳 糯
糀 粹 粽 数 鉄 粟 糧 糊
奥 粩 籿 籿 粨 籹 籿 糥
糖 糢 糟 糕 糠 糜 麋 粺
㷉 匊 匦 囸 闲 囻 精 糳

数米：米字八十八
选字/释文：朱琺
字体设计/平面设计：厉致谦
2017年8月

"米"字表示数字，这一含义不算太常见。在汉字使用以及汉文化征用汉字的场域，譬如占卜时，被称为拆字；而在汉字的构字法中，可谓合文。尽管米字形类同于"八十八"的历史只能追溯到战国早期，但合文的现象早在商周时期就已经有了，而一直用到近现代，诸如"甭""甮"，以及本书中录用的"籿""粞""粈"等。

本篇名叫《数米：米字八十八》。数一数就可以知道，我们在此呈现的八十八个带有米形构件的汉字，涵盖了米部的基本字。搜罗"米"作为汉字部件的各种可能性，尽可能多地发掘那难以计数的含有"米"的汉字的特殊意味；标其音，释其义，列词为证，并标有Unicode（统一码）。之所以选八十八个字，原因正是前文述及的拆字合文。就因为八十八，"米"字居然可以是一个数量问题。当然，对"米"来说，八十八只是数值之一、义项之一，并不是我们数米必然和唯一的答案。在实际生活中，"糒""粗""粆""籸"——啊，我们应该写成米无、米有、米少、米多——小则维系性命，大则关乎国是。《孟子》一书中，魏国的国君梁惠王（公元前400—公元前319）提到：当黄河北岸的河内地区没有米、少米——遇到了凶年，他就会让那里的人向西移徙到黄河东岸，并调拨那里的粮食过来，因为河东有米、多米；若是哪年河东没米、少米——歉收了，如法炮制。惠王觉得这样已经尽心于国家了。养活一地乃至一国民众的米，自然可谓

2017年历致谦《数米：米字八十八》道旗设计方案

2017年贵州米展现场

"恒河沙数",但我们也可以不用沙而用米来比况数量之大。有个成语叫"太仓稊米",即大谷仓中的一粒米。谷仓极大,而米粒极小,这是个出自《庄子》的典故。白居易据之写诗称:"人生百岁内,天地暂寓形。太仓一稊米,大海一浮萍。"

在遥远的古代印度,有一个很著名的故事,讲到国王Shirim要奖赏贤者Sissa Ben Dahir(因为Sissa发明了国际象棋),任他提要求。贤者说他只要一棋盘米就可以,但是得有一个规则:第一格放1粒米,第二格放2粒米,第三格放4粒米也就是2^2粒米,第四格放8粒米也就是2^3粒米,依此类推。按照这个方法,国王就是将全国的粮仓全搬空,都不得不食言,因为64格棋盘中米粒最终的总数是一个天文数字:18 446 744 073 709 551 616。据称,过去1000年人类所产大米的总量都远不及这个数字,也有的说50亿人50年都吃不了这么多米,其论证方法未知,结论亦悬殊,我们暂不作考证。但毫无疑问,这个数量的米不是区区一个古代王国所能做到的。在数学方面,这个民间故事常被用来说明"指数爆炸",最终的数值及其计算公式是言说的重点;但我们却更关心非公式化的实际操作中精确的数米过程,一个大数是如何用米的天然单位逐一实现的?有一个中国成语表达了其时间性的特征及其浩繁、琐碎与痛苦——"简丝数米"，指的是抽丝剥茧之后挑选丝缕和在太仓中查点米粒。在本篇里，它表现为：我们逐一选择了八十八个含米、带米、存米、贮米、藏米、有米、嵌米的字，艰难地，从十万汉字（也包括古壮字和字喃）里一个一个挑选出来，不"籹"不"籿"——不多一粒米、不少一粒米，通过一个精确的数值来呈现意义与价值。

"米"也因此可以说是一个更具体而微的尺度。它在棋盘上的作为，不只使"数米"的行为具有时间性，而且充分表明它本身刻画宏大空间的能力。现代汉文表达的经验告诉我们，这几乎是一个不言而自明的最常见事实：我们用它来衡量自己，多高，一米七；刻量距离，万里长城多少千米，万里长征多少千米。"米"这个字，在当下汉字的语义场中，最普泛的用法之一就是空间与平面的最基本尺度。它是度量衡，是一种在世界范围内通行的标准，随着中国的现代化进程，以假借的方式——将mètre音译成米突又简称"米"——嵌入我们的生活空间中。与我们立身之本、赖以生存的主食，古老的稻作文化传统所赋予的象形之"米"分庭抗礼。

"米"这两个最常用义项之间的关系是呈割裂状态的，一个在古老年代即遵循象形原则，而另一个只是在最近100多年间才被假借而来。著名语言学家吕叔湘（1904—1998）在《语文常谈》一书中即说道："长度单位的'米'，跟吃的'米'毫无关系。……应该破除字形的假象，看成同音同形的两个不同的字。"此说当然在理，但我们认为，"米"甚至不只是两个同形字，而是八九个。我们更关心的，并非这些义项包括长度单位和稻作概念之间的互相隔绝即"断"的状况，而是其共性与联系、迷之不绝如缕的现象。

其实，包括饮食、地域文明与展览核心的稻谷籽实的"米"，从字形、经典中的字用及其训诂，以及早期辞典的规约性表述三方面来看，也不是这个字的本义，而是引申和特化的结果。黄河流域殷商甲骨文中早已出现"米"字，那里那个时候并不在稻作文化区中，汉字亦是先在北方"生长成熟"之后，再延展并包容了稻作文明的广大区域的。也就是说，这个字被发明出来，最早指的并非如今的米或者说大米。在《说文解字》这部中国现存最早的字典中，即将"米"解释为"粟实"；而其中的"粟"，则解释为"嘉谷实"，也就是粮食、谷物的通称。清代学者认为，米是舂好的粟，而粟是未舂之米。所以，"米"原先指的就是各种粮食作物去皮之后的籽实，比《说文解字》更早的《尔雅》一书即持此义。它可以被理解为去芜存精，是杂质的剥离脱落，是真相的呈现与可消化。而著名

「米」字的古老形态，引自《汉语大字典》

经学家郑玄（127—200）在注《周礼》时引用了"九谷六米"的说法。唐代学者贾公彦进一步解释说："黍、稷、稻、粱、苽、大豆，六者皆有米，麻与小豆、小麦，三者无米，故云'九谷六米'。"而今也另有玉米、薏米、花生米乃至虾米的说法。据此，米指的是抽象出来和通约化的不同作物的共性，看甲骨文中"**米**"字的那些点即可知，它是一种符号化的单位表达。大米、小米则是后起的、更细化的下位概念表达方式。

可作为谷粒的"**米**"还不仅仅用来食用或者"料理"成食品及饮料。除了那个在印度棋盘上充当算筹的例子，我们还可以列举本土的传统。源于中国南方的堪舆术素有沟通天地、主宰祸福，将过去未来维系为因果的功能。风水师通过对地貌的诠释性建构以及猜谜式的技术定位，把二维的秩序和三维的环境与四维的世界都黏合在生死的点与线上。很少有人提到，在古代，那些地理先生即堪舆家如何造设模型来演习训练呢？我所搜集到的故事和秘籍声称，术士们即用米来堆塑成山川的形状，在米中埋下铜钱以志吉穴。而正史和精英知识分子则记有更早的例证。曾深入岭南平定边患的东汉伏波将军马援（公元前14—公元49）说他聚米成战术沙盘，向其主刘秀（公元前5—公元57）解说形势、布置谋略云云，留下了"山川米聚""画沙聚米"这样的成语。不论是战争用途更早，还是风水上率先这么表达，作为植物籽实的米都成了山水地形的基本粒子，米制的地理环境可被视为天地具体而微的精华，运筹帷幄的必要工具。

我们认为，"**米**"的符号化、粒子化和单位化的特征，是汉字"**米**"不同义项之

卷六 文与字 215

《米三三》密切扣合"乌衣红糟"的主题，择选与酒糟及其制作相关字，兼以图像化的方式，用"字思惟"，完成一次对徐岙底特产"乌衣红糟"流程的象形/会意式记叙：始于"籹"、"棗"、"籴"，而终以"釉"、"糟"、"迷"等。突出汉字单位，在符号化叙事中还原场景、过程与关系。

卷六 文与字　217

间相互连接的基础。检点这八十八个米字可以知见，在汉字发展史上，主要是在楷化的汉字现代化进程以及简化的汉字后现代化进程中，"米"基于此而充当着不为人觉察的通配符作用。有类于"又"在"雞"和"鷄"的左边代替"奚"，又代替"漢""難""嘆"中的部件"𦰩"，还代替"歡""勸"中的"雚"，"僅"中的"堇"；"乂"代替"趙"中的"肖"，"風"中的"虫"，"區"中的"品"；"米"也在"淵"和"肅"，"幽""斷"和"齒"，"婁""來"这些字中逐一映现出身影，构成了"渊""肃""凼""断""齿""娄""来"以及更多汉字。从象形、会意、指示、形声的立场上说，这些是讹变与（字形符号而非字音层面上的）通假，但在汉字的现代性角度来说，则是精简与通约。它因为电脑时代（通假的）滥用与（字形的）固化，而成为一个在大字典和大字库建构的均质平面中长期有效的痕迹。

甚至如我们所见，"米"字还进一步变成八芒星以及米字格、米字旗这种线条组合与平面图案约定俗成的名称，既是一个标志，也成了线条与平面关系的一种定义。这跟米作为稻米的现代性，包括它在中国各地通配与涵盖主食的状况遥相呼应，近乎同一种逻辑。也就是说，存在着一个统一的"米"，它在一个长度单位、一个数值、一个山水粒子、一个关于作物的基本概念、一个笔画和线条的典

米字道旗，茅贡米展，2017年
（摄影：朱锐）

2017年贵州米展现场

型组合之上，统摄各义项（即"**米**"的各同形字）之间的共性维系：它是一个抽象的符码，是时空的展现形式之一——既是一种空间结构也是一种时间尺度。如今，我们正想用这本《数米：米字八十八》，来以一书的形式，使"**米**"粒成为可以展现的整体。

卷六 文与字 219

《麦:三三三》追记

朱赢

麦字书

（文字：朱赢，设计：厉致谦）

现在，当大家张口来谈麦（繁体字作"**麥**"）子，隔膜几乎难以避免，因为，作者和大多数读者很可能已经多年没有触碰过真实的麦子了。即使天天买来面（繁体字作"**麵**"）包、顿顿吃面，但是与工业化主宰下的这个时代简洁的生存方式同步的汉字简化工程，使"**麵**"剔除了"**麥**"字偏旁，"下麵"和"下面"于是只有声音快慢轻重上的区分，而视觉上茫然无别。即使称"全麦面包"，麦也仿佛成了添加剂似的——"麦面"两个字即使连在一起也回不到一个完整的"**麵**"字了。至于"**麥**"之上的"**來**"（简体字作"来"）字，原本是象形小麦的那层含义，如《诗经·周颂·思文》中的"贻我来牟"（即送我小麦与大麦之意），如今更是少有人知。

这也难怪，本来表示麦子的"来"字，在很久以前就已经从名词抽象为一个更普适的动作与情境，如屈原在《离骚》中说："来吾道夫先路。"中国有数千年的农作物竞争史，常说麦渐不如稻强势，而较早的文学作品显示，是麦占了先机。从"来"字论，麦子不再仅仅是一种被动与被（部分地区）选择的主食，甚至溢出了作为粮食的本体，从而拥有更广泛的行动力:自此而来,一切由远而近的轨迹,在汉语的奥义中都沾带上了小麦色。最初,这个奇迹与天赐食粮的传说有关,《说文解字》这样表述麦子:"天所来也。"天上不会掉馅饼,可天上最初曾经"掉落"过麦子。最初的奇迹令人怀念,虽然缺乏细节,并且再也不能援以为常例。后来,只有当上天精神状态暂时恍惚错乱,才会再次"天雨粟",可再也无法复现的天降神话才是麦子神圣性的根本所在。

但在文字符号的层面上,"来"用得太频繁、太平常。文字不得不分化,在"來"的下方接驳一个义符"夂"表示朝下的脚,落地之后即扎根于泥土中,正式拥有物种之名,泯然于众多作物之中,不复有惊喜与赞叹,而只是令人瞩目、批量栽植,反复提起并且写下。而那个从博物范畴里分蘖而出的"来",却因为其腔调中渐渐多寡不均而形成倨傲。这使得道德家将他们的警惕心固化为一个贬义词"嗟来之食",供人反复咀嚼而变得更加卑微。儒家特意编排了一则山东荒年时的简短寓言——施食者大大咧咧,吃饱了麦子之后颐指气使:"嗟,来食!"饿者严词拒绝,声称他就是因为不服从"来"才成为饥民,最终不食而死,成为饿殍。假如那时"来"还停留在象形之物的原地,始终是麦子的意思,冒犯尊严的意味就不会如此严厉,或许不会殃及性命。相比较而言,在同一个问题上,道家总是更虚无一些。庄子说过一个故事——子桑户、孟子反、子琴张三位是好朋友,桑户去世之后,另两位莫逆之交鼓琴编曲、相和而歌:"嗟来桑户乎!嗟来桑户乎!"这个反复咏叹的"嗟来",虽然也面临死亡,却没有实际的语义,只是发语词,不再是伪善的因果。从庄子的角度,那个"嗟,来食!"的句子或许可以翻译成"吃啊!"而不再是"喏,来吃!"即使热情是空洞的(一下子不知道吃的是什么,是麦子还是空头支票),却至少有一种乐观乃至欢乐洋溢其中。

"嗟,来麦"——接下来还是回到麦子上来吧。"来"究竟是不是来的意思,"来还是不来",这样的语言哲学问题不宜在此深究。但麦子不然,即使被消耗,来年可以重新收获,只要土地还在,麦子可以再来,总有无穷无尽的新具象。《新约·约翰福音》有一段话常为人引用:"一粒麦子不落在地里死了,仍旧是一粒。若死了,就结出许多籽粒来。"如果超越宗教意识,可以说,麦子有稳定的时间性，其生生不息的传承有着更广谱的隐喻意味。正如诗人海子所谓"健康的麦子／养我性命的麦子"，乃是教益与诗意的基本单位。即使那些很重要的东西被无情摧毁，即使文明成了废墟，麦子提示：一切可以重来，百废待兴从春天开始。

遥想1000年前，南宋诗人姜夔到了自胡马窥江去后已经再次成为芜城的扬州，慢慢写下"过春风十里，尽荠麦青青"的《扬州慢》。这阕长短句，他的叔岳父——千岩老人萧德藻以为有《诗经·王风·黍离》之悲，可以单线逆行，追溯到《诗经》的年代。但要是从意象继承性方面来看，黍离并没有包含麦。《扬州慢》应当要算是"黍离麦秀"这个成语背后两首齐名作品共同的裔孙。"麦秀"两个字指的是《麦秀歌》，见载于《史记·宋微子世家》，据称是商纣王的叔父箕子在商亡之后见朝歌城已成废墟时所发的感慨。《麦秀歌》的前两句是"麦秀渐渐兮，禾黍油油"，它也因此得名，这与《诗经·王风·黍离》开头的"彼黍离离，彼稷之苗"，几乎是同一种颜色动容的悲鸣，但箕子首先强调的是麦子，而非其他物种。从品质上说，东周大夫在西周都城遗址上所咏叹的《黍离》无疑更为出色，但由于其作者失名阙位，就不复有《麦秀歌》中"箕""麦"之间名义上的微妙意味了——箕是收麦之后扬去糠麸的工具。在更现实而普泛的场景中，《麦秀歌》于是存在一个寓言层面：箕与麦从历史悠远处下降下来成为日常的关系；而继续来到诗篇里，又因曾经的收获、如今的闲置，而具有无穷的怅然意味。

这也意味着，麦子值得细分出不同形态，包括麦子的生长、麦子的成熟甚至更多。须知，荣衰固然在无常间流转，而在形态上，麦子却有着"有无（锋）芒"的区分。只有作更细致的分辨，麦才不仅仅是废墟上兴叹的标志物，不只是一粒麦子和同一种麦子，而对麦子的期待以及受麦子的恩惠种种，参差各态，累积成垛。再进一步说，把麦子攒集起来这样的活计，再也不是一次低效而雷同之举，不局限于农活，而囊括了更多的流程与事项。

回到当下，在这个与麦子常有隔膜的时代，或许可以在纸上用"麦"字来进行一次类似的选择、收藏与标举。三十三个（三三）或者三十四个（三三）含有"麦"的汉字就这样"脱颖而出"——颖是"麦穗之芒"的意思。把它们放在一起，就是把麦子与麦子放在一起。之所以是"三三"或者"三三"，是因为这两个数字像收割后偃伏下来与地平线平行的麦芒。一定程度上，麦子算是个不可数名词——不可胜数，所以《麦：三三》中究竟有几个麦字并不可确指。更清晰可辨的是三条序列依次相继，首尾相衔，即麦子生长、麦子成熟、麦子收获，每一个序列陈设着11个含

（摄影：朱锐）麦字道旗，乡村考现学，2020年

有麦子的汉字（包括一个"来"）。试图包罗关于麦子以及麦子之外的各方面，所以书中讨论了麦田里守望的猫"麳"、麦子成熟时的花黄素含量"麳"、麦子贮藏量之丰俭"麳、麳、麳"等等。

基于上文所提及的稳定的时间性，轮回与循环乃其题中之义，"生长—成熟—收获"三序列无非是被选中的切片与断面，周而复始则是必然与必须的。另外，这三十三或者三十四个"麦"字都不是新的，尽管大多字始终陌生，但它们均早见于各种字书。换言之，我没有生造一个新字字形。不过，所有汉字的音义都会在不同时代的风中摇曳而生成新的麦浪，每个含麦的字也不会例外，即使这些偏狭、拗口、生硬与古怪的声响与意义都属于个人的念想（甚至妄想），但我希冀它们去体现再次生长的力量：荞麦青青、麦秀渐渐。

何况，古老的字形具体到麦这里，另有一层确切的对应：这既是仰自然之鼻息，又试图超脱于自然力控制、自行其是的那些以往人类成果的展现。它们自过去累积、传承，又有所消散，最终蜷缩于古旧的字书来到此在；又是吾人的田园之思，从当下，我心悠悠，飘忽于古早年代的梦想。对麦子的关注与运用，事实上，常有当代评论会将其归为农业抒情与古典叙事，仿佛当工业化变形为口腹之欲的形式之后，"麵"包、"麵"条悉数脱麦，麦子就再也赶不上"现代性"这趟了似的。但我以

卷六　文与字　223

麦字书展示，「乡村考现学展」，2020年
（摄影：张鑫）

为，对食物的生产与消费虽然还在变着后现代的花样，但确实需要一次假借，脱胎换骨，作为欲望符号的旧字才可能得到进一步深思的意味。以"米"为例，因为幻化出了mètre之米，遂闪身以标杆与度量进入现代世界；如果迟迟到现代才有"来"的引申与抽象，那"麦"也算是异曲同工了。但如前所述，"来"来得太早，太早熟。不过，麦绝不是食古不化之字，另一个鲜为人知的微小事实已经发生，现代的平衡已经悄然建立，这是因为，有了科技造物和西洋文"microphone"不远万里传声而来，被音译为麦克风，又简称为"麦"——"麦"这个字遂在声响上开始有了与古典食物截然不相干的新义，在"新"的或者"新新"的人群中口耳相传。所谓的"平衡"是恰如其分的，作物"麦"入口而化，服务于口腹的生存；而作用于震动，传达音波的"麦"则是一种出口的机器，捕捉的是人类的话语、情感与精神。两者方向相反，但又有追求节奏、表达持久的共识。类似的方法论，求同存异、二律背驰，也正是本篇的起点和理想中的终点。因此，篇中指指点点的不仅有麦子的麦，还有麦克风之麦。借用古典训诂，"克"原本并不是个称量单位，而既表示"克服"与战胜，也常是"能够"之义。所以，"麦克风"既可以解说为"为了追求更加精粹的品质，麦历来借风扬场，克服了风的诱惑才是真麦子，风过也，留下来的才是好麦子"；还可以阐发成"麦能够风，麦将能扬起风。麦，未来之风，新的风向所在"。

卷七 社会参与式艺术

挖掘城市潜力的公共艺术　　王美钦

尴尬美学 「握手302」的艺术实践　　马立安

挖掘城市潜力的公共艺术

王美钦

本期收录的文章，是由艺术团体"握手302"的创始人之一马立安写就的回顾式文字，介绍了该团体以深圳为背景展开的一系列城市公共艺术活动。

与扎根在深圳的艺术团体"握手302"相遇，纯属笔者在2019年夏天考察行程中的一个非常幸运的偶然。当时正在广州，得益于新认识的一些朋友的建议和帮助，我赶上了"握手302"组织的"城市肉体与骨骼"系列活动之一——《城市肉体与骨骼：福田街道办特辑——边走边说》。该活动由"握手302"成员带领将近20个通过微信报名的参与者一边漫步游览深圳福田商业中心区（以下简称"福田CBD"）的中心轴，一边聆听该活动策划人马立安从文化地理学的角度讲解福田如何由深圳的一个普通郊区发展为今天深圳的城市中心，以及园林绿化、城市规划、现代建筑等现代行为对城市建设的重要性。游览从中心轴正北端莲花山公园开始，参与者在行走、攀登过程中参观公园内的深圳经济特区纪念公园、小平铜像广场、关山月美术馆、风筝广场等标志性景点，然后沿着中心轴游览了位于正南方的深圳市民中心，并穿行摩天大楼密集的金融中心。这个游览让参与者身入其境地从视觉和空间上了解深圳如何调整更新中心区的规划以及福田CBD的建设对深圳城市化进程的意义，是"握手302"策划的旨在让普通市民参与另类艺术活动、了解城市空间的创意项目之一。

这次的偶然接触激起了我对"握手302"的兴趣，在随后的研究中发现它可以作为中国城市公共艺术向社会参与式艺术发展的一个典范案例。"握手302"是由5个文艺从业者于2013年在深圳南山区城中村白石洲村组织成立的一个公益艺术空间。他们分别是来自美国但已在深圳生活工作20多年的人类学家马立安（Mary Ann O'Donnell，中国友人口中的老马）、出生于武汉并于2000年左右来到深圳的空间和展示设计师雷胜，2010年来到深圳的昆明艺术家和艺术项目策划人张凯琴，出生于驻马店、2013年才到深圳的设计师和策划人吴丹，以及深圳本地出生成长的设计师和公共教育积极者刘赫。白石洲是深圳最大的城中村，因为有大量租金便宜的小套房和便利的交通，成为移民到达深圳的第一站。村里密布众多以出租为目的的村民自建楼房，摩肩接踵，因此被戏称为"握手楼"。"握手302"就租了"握手楼"里的一个只有12.5平方米的套房（包括一个房间，还有小得不能再小的厨房和洗手间）作为固定活动场所，因为它位于该栋楼的302室，所以取名"握手302"。

"握手302"与其他艺术空间的不同之处在于，它不仅仅是一个艺术空间，同时也是一个以社会参与为目的的实验性公共艺术项目，其所从事的公共艺术活动远远超出通常定义上的公共艺术——放在特定公共空间的艺术作品。它的众多艺术活动是在302房以外的广阔的社会空间（社区、街道、公园、学校等等）进行的。具体来说，它是以深圳这个城市为背景，以其形形色色的社会现实为空间进行的一个跨学科的、开放性的、协作性的、在地性的和过程性的艺术探索，旨在创造机会协调社会资源，让更多普通人参与艺术活动并释放他们的创造力，特别是为城市中难以获得公共文化资源的区域和人群引入文化活力，以达到用艺术发掘城市空间潜力的目的。"握手302"认为：艺术应该属于每一个为城市做出贡献的人。在它多年的实践中，其5个成员采用多样的形式来吸引各个年龄段和从事不同职业的深圳本地或外地的人，鼓励他们参与艺术创作、行为表演、展览、研究、讲习班、对话、游览、走读和实地考察，并由此激发人们思考、表达和交流自己对深圳这个多元化城市的体验和对各种城市问题的创造性想象。我参加的福田CBD游览是"握手302"以深圳城市化进程为主题，为对城市空间规划感兴趣的成年人设计的众多项目中的一个走读活动。

可惜的是，因白石洲村于2019年下半年完成拆迁，"握手302"终于不得不在8月搬离他们经营6年之久的302房。随后，"握手302"暂时在福田区的另一个城中村下沙村租了一个空间以继续团体的公共艺术活动。白石洲村的拆迁对深圳意味着城市更新升级的加速，但对众多移民家庭来说，它带来了生活和工作成本的急速上升。它对像"握手302"这样一个公益艺术空间和公共艺术项目意味着什么呢？

马立安在文中就她对"握手302"在白石洲的终结和在下沙村的开始进行了一个回顾。她以"握手302"组织过的一些活动为例，总结阐释了一个有趣而真实的经验："握手302"与周围人群的尴尬关系，并由此而引发的美学意义。在文章的结尾，马立安表达了她一向的乐观主义态度和准备在下沙村开展能与该社区的社会与空间现实互动的艺术活动的心理预设。在字里行间，读者可以了解到"握手302"成员在探索公共艺术的社会参与性潜力，创造新的公共艺术表达形式，提高艺术的公共性，打破艺术与生活或工作或学习的界限，并让其成为普通市民的日常存在的一部分的思考和实践。

尴尬 美学

『握手302』的艺术实践　马立安

（供图：握手302）

「握手302」所在的巷子

2019年6月下旬，"握手302"的成员开始在白石洲村各楼的铁门上看到搬迁通知。7月上旬，我们收到驱逐通知，2019年8月20日之前要离开这厮守了6年的12平方米的艺术空间。虽然我们心里一直都有准备会被驱逐，但是它好像还是来得很突然。每栋房子要求租客搬走的最终迁出日期不一样，还有一些房东也没有张贴搬迁通知，允许租客继续居住，允许个体户继续经营各自的小店。我们巷子里的许多"握手楼"都没有收到搬迁通知。关于这种状况的原因，我们房东的解释是：拆迁开始前，提前清楼、交楼是有奖励金的，因此他决定加入最早一批主动清楼的房东群体。同时他希望我们能体谅和理解他的立场，尽快搬出去。

可想而知，"握手302"与白石洲房东的关系一直有一些尴尬。6年来，我们跟他有一个简单的但仪式化的关系。我们定期以现金支付租金、水电费，他收取租金，负责楼里的公共卫生。当我们在村里见面时，都会互相

卷七　社会参与式艺术　229

白石洲村
（供图：握手302）

白石洲基督教堂
白石洲步行街
白石洲文化广场
江南百货
神树与神庙
握手302
塘头老屋
白石洲地铁站A出口
深南大道 Shennan Road
沙河街 Shahe Street

右：白石洲商业步行街
左：江南百货
（供图：握手302）

打招呼、微笑。但是在这些礼貌行为的背后，我们都有这样的共识：我们关系的基础不是感情，而是交易。然而，驱逐通知让我们清楚地看到，我们与房东的关系实际上是多么脆弱。在现实层面上，这份驱逐通知也让我们意识到，在城市中获得廉价、便捷的空间是多么不容易。搬迁时，我们发现想要租到跟白石洲一样便宜的空间，意味着我们要搬到关外，很远，很不方便。如果想租在跟白石洲一样方便的位置，我们要多付1倍的租金。"握手302"不得不权衡价格的相对价值和便利性。最后，我们选择了位置方便而不是租金便宜，于是搬进了下沙村一套20平方米、带一房一厅的小房子，房租是原来的2倍。其实，我们算是能轻松离开白石洲的少数，还有很多人离开白石洲意味着巨大的损失，个体户失去经营多年的小生意和高昂的转让费，小朋友也离开了可以就近受教育的学区，不知道是否能找到新的学校接收他们。

当我们成立"握手302"时，我们就知道白石洲已被纳入城市更新计划了。尽管如此，实际的驱逐通知（就像房东期待我们毫无怨言地搬离一样）还是显示出我们艺术实践的尴尬性。"算数"（2013年）、"纸鹤茶会"（2014年）、"墙迫症"（2015年）、"白石洲艺术驻地计划"（2014—2019年）和"单身饭"（2018—2019年）等项目与白石洲有着密切的联系。这些项目吸引了既不在白石洲生活也不在白石洲工作的艺术家、知识分子和学者，而我们地理上的白石洲邻居，包括我们的房东，却没有看上我们。也就是说，我们尴尬地漂在白石洲和深圳其他地区之间，对依赖白石洲谋生和生活的人来讲，我们算是主流居民那一群人，毕竟我们的经济来源和常住房子位于城市各区住宅区；而对于主流居民来讲，因为他们不知道白石洲内的复杂社会组织和阶层，所以他们以为我们是白石洲租客那一群人。可以说，"握手302"的尴尬美学来自白石洲在深圳文化地理中的双方象征功能。白石洲结合生活和谋生两个功能，住在主流社区的居民却想象白石洲是一个低收入人群的住宅区，而生活在白石洲的人很清楚，"握手302"成员的谋生状态太休闲、文

卷七　社会参与式艺术　　231

化成分太高，不可能跟白石洲相关。就是说，深圳的文化地理赋予"握手302"很重要的社会意义。事实上，"握手302"在白石洲内外都有艺术项目，但是，"白石洲"是一个重要的标签，让大浪街道的农民工子女、连续几届UABB（建筑双城双年展的简称）国际策展人以及大学艺术系的师生"认识"我们。换言之，我们的搬迁通知迫使"握手302"再一次面临我们小机构的尴尬存在，这次的问题是：如果"握手302"不再立足于白石洲，那么"握手302"还能是什么？

尴尬性对"同"和"异"的放大

亚当·科茨科（Adam Kotsko）将尴尬定义为"伴随着违反或缺乏明确的社会规范而产生的焦虑感"。此外，尴尬还会蔓延。即使一个并不是直接遭遇尴尬的当事人，也能被它感染，陷入潜在的焦虑之中。科茨科对尴尬实际运作时的情景也作了定义：假定社会规范在本质上并不存在，取而代之的是引导我们共同生活的准则和策略，那么，人类必须群居才能学会"如何做人"，而不同的群体对"怎么做人"依然有不同的理解。因此，尴尬所带来的焦虑不仅在我们不知道如何维持社会关系时出现，当我们看到其他人在努力维护社会关系时也会出现。在日常生活中，社会规范使我们能够通过重复来管理这种焦虑；个人越经常重复一个共同的行动，我们就越有可能相信它是"正确的"，认同行动所代表的社会期望和价值观。从这个意义上讲，"尴尬"让我们知道人类天生具有创造社会规范的渴望，但同时更加讽刺的却是，遵循特定的规范并不是人类这种生物的内在程序（天生的）。换言之，虽然尴尬的感觉对所有人来说都是普遍存在的，但群体发展起来的管理社交焦虑的规范却并非普遍奏效。更重要且更麻烦的是，这些准则会随着时间的推移而改变和发展，在社会之间和社会内部造成了历史上可识别的区分与差异，并带来了诸如你想生活在什么样的共同体中的问题。人类学家还强调，亚文化之间的差异可能同样巨大，而且往往大于民族文化之间的差异。这种判断也可能帮我们进一步了解"握手302"在白石洲的尴尬位置。宏观分析时，我们就发现当代社会都是大同小异，就比如对不生活在深圳的艺术家和学者来讲，"握手302"能当作深圳的一个文化标签。而在接触社会内部的各种群体时，我们突然间发现身边都是小同大异，就比如深圳人对白石洲的敏感性一样。

在本文里，我们将展开"握手302"的艺术实践与深圳的文化地理之间的尴尬联系。我们对探索艺术如何使我们能够重新看待和利用人类的尴尬感兴趣，并共享我们在审美和精神上的经验。

"单身饭"：交新朋友的尴尬

在白石洲的地理范围内，"握手302"最受欢迎的项目之一是"单身饭"，这是一项关于家庭共食的思想实验。"握手302"邀请参与者准备4至6人（一个家庭的平均人数）的膳食。我们提供米、油、调味料、碗、水和电。我们给"厨师"每位来客5元的预算来购买白石洲的食材。"厨师"使用这些食材准备餐点。在用餐期间，"厨师"主持讨论在深圳生活所面对的挑战。换句话说，"单身饭"要求人们分享关于在深圳定居的故事。我们很八卦，想知道：你是否会在深圳成家，养孩子？平时，这样的话题很尴尬，尤其对未婚女孩子来讲，但是到了一定的年龄，这些话题对男生来说也变得尴尬。因为只要回老家，父母就施加压力，发动亲戚朋友"解决"这个难题，甚至有的家庭会安排相亲活动。这种尴尬很明显地体现了深圳和中国的其他地区，以及父子两代之间的价值观差异。其尴尬来自我们很难不按照自己的价值观生活，但我们却还想让家里的老人安心。有趣的是，不能与家人谈论人生大事的人，能与陌生人一起舒适地坐在我们的餐桌旁说些心里话。事实上，这项活动的受欢迎程度超过我们的想象，平均每餐有7位客人，有一次甚至有17人挤进小小的"握手302"一起吃了海鲜粥！

深圳是一个著名的移民城市，其中很多人不知道是因为还没成家，抑或是因为工作条件需要把配偶和孩子留在老家，所以深圳更像是一座由单身工人组成的城市。"单身饭"的"厨师"们提出了午餐话题，包括"留学回国后与父母住在一

一起吃海鲜粥
（供图：握手302）

右：花费44块7角的三菜一汤
左：白石洲肉菜综合市场
（供图：握手302）

起""女孩子恋爱或失恋的故事""父母或祖父母是否应该负责照顾孩子"等等。用餐期间，"厨师"主持讨论，客人分享在城市安顿的故事。从2018年11月4日的第一顿饭到2019年8月3日的最后一顿饭，我们共举行了16场午餐会。每次午餐后，参与者都会在桌布上签名、涂鸦，并被邀请加入我们的"单身饭"微信群，在那里他们可以继续与午餐会同伴交谈，并与之前和之后午餐会的成员见面。

"单身饭"的设计包含着与陌生人第一次见面的尴尬和不断遵循主流社会潜在规则的疲惫，尤其是在城市工作环境中。一方面，第一次相见是很尴尬的，即便我们有共同的问候仪式，但我们仍不知道对方对什么话题有禁忌，对什么事情敏感。因此在实际操作中，我们最初提出的许多问题都很"虚"，目的是帮助我们找到一种共同的对话形式和内容，例如家乡、教育背景、工作机构等，这种共享的对话形式和内容让陌生人以熟悉的方式互动，改善了尴尬场面。在"单身饭"中，我们使用购买、准备和分享食物的形式，以构建在初次见面时通常不会出现的对话。另一方面，因为参与者有相似的背景，几乎都是年轻的专业人士，按照"966"的时间表工作，所以会有些共同的话题。因此，商业目标和等级制度构成了年轻人在日常生活中可以分享的话题。

许多参加"单身饭"的人承认，他们在线上表达自己怎么看问题比在现实生活中更自如一些。"单身饭"的话题促进了当面交谈，改善了这些年轻的专业人士在城市中的孤独感。其实我们也发现，来到"单身饭"的人表达欲非常强，也许是因为他们平时要憋的"尴尬"太多。此外，许多参与者还表示，尽管线上生活很孤单，尽管他们实际上想交朋友，但网络媒体的交流已经有些方法和套路，使人们更容易避

234　碧山14　食物

免结识新朋友的尴尬。当习惯了在淘宝购物、在盒马买菜后，很难再回到人与人之间当面的交流，以期回避与陌生人打交道的尴尬感受。他们说，在深圳，除离开家去上班之外，什么都可以在家里解决。即便如此，"单身饭"的"厨师"们仍发现在白石洲肉菜综合市场买菜是令人愉快的，因为那里很热闹，街上挤满了人。"厨师"们与店主交谈，以便从他们那里得到买什么和怎么烹调的好建议。

"单身饭"呈现了"握手302"艺术实践的几个特点：第一，价格很便宜；第二，它是一系列的活动而不是一次性的；第三，其内容涉及探索所谓的"日常城市"。"单身饭"也强调了"握手302"项目中最重要的特点，就是每个项目的主要内容是我们的实践和经历。"握手302"项目提供了一种培养主体间接触的形式。在一篇关于"关系美学"的文章中，法国策展人尼古拉斯·布瑞亚德（Nicolas Bourriaud）将关系美学定义为"人类互动的领域及其社会背景，而不是一个独立和私人的象征空间的主张"。关系艺术作品旨在创造主体间的相遇（无论是字面上的还是潜在的），允许一个群体创造意义，而不是个人与艺术作品的相遇。"关系美学"的定义与"握手302"的"单身饭"项目的美学目标产生共鸣，在该项目中，我们召集了数量有限的人一起吃饭，讨论所选择的话题。真正的艺术品不是饭菜，甚至不是涂鸦桌布。取而代之的是，"艺术品"包含了每顿午餐产生的不同对话，包括"厨师"和302成员在白石洲小巷市场的摊位上购买食物时的对话，"厨师"和客人之间的对话，以及这些对话在相关的聊天组和其他上下文中的扩展。还有一点，"单身饭"也将社会的尴尬性体现出来，丰富我们对"关系美学"的了解。尴尬能启发艺术创意，是因为人类需要在不同的场所挖掘不同尴尬的含义。为了讨论人生大事，有的时候我们需要的是避免与熟悉的人和事产生的尴尬（比如与老家亲戚价值观不同所带来的尴尬），有的时候我们需要方法来调整交新朋友的尴尬。

"寻找城市的肉身：深圳文化地理的再发现"相关活动：在地的尴尬

在白石洲地理范围之外，"握手302"最受欢迎的项目之一是"寻找城市的肉身"，这是一系列在深圳标志性社区开展的走读活动，目的是通过身处不同的环境来激发人们对城市的新理解。深圳的文化地理由南头古城、深圳湾两岸（今天的罗湖、福田、香港新界三区）、宝安、龙岗、大鹏五个文化片区组成。除了方言不同，这些片区形成了不同的移民历史。比如，南头古城位于汉代番禺盐官旧地，一直到1953年那里都是本地的行政中心所在地。又比如，珠江东岸（今深圳宝安

客家文化地理（浪口村）
（摄影：彭欣）

寻找沙井
（摄影：彭欣）

区）的蚝民说粤语，而生活在深圳湾两岸（今深圳罗湖、福田两区及香港新界）的农民说围头话。深圳还有山区、海滨两个客家地区（现今的山区由深圳东北几个区组成，滨海客家区在大鹏区）。走读城市的活动强调深圳的文化地理也是一种"关系美学"的结果和对象。在沙井和龙华，我们探索了深圳的文化地理与广州、泉州和梅州等地的文化地理的根源关系；在水围，我们考察了当地以水为中心的村落如何被以陆地为中心的文化地理改造而成为城市中特殊且有魅力的社区；在蛇口，我们探讨的是在全球物流背景下，改革开放后一个工作单位如何创造出这个城市"最中产阶级"的社区之一。我们尤其关注不同时代的移民给深圳文化地理所带来的无限可能和变化。例如，在访问东门时，我们思考了潮汕移民的早期涌入如何塑造了深圳的创业文化，以及市场如何日益成为第二代深圳人自我表达和青年文化的场所。

和"单身饭"一样，"寻找城市的肉身"也从这样一个观点——所谓的"美学"不是一种抽象诉求，而是在特定的环境、关系和历史中创造出来的结果——出发。也就是说，"艺术"是环境潜在的可能性，"美学"是我们去发现它的做法之一。这意味着一个地方的艺术实践必然是由一群人积累的实践和知识达成的，因为人在特定的时空环境中成长。这些活生生的差异为艺术创造带来了挑战和机遇，这样的艺术才具有吸引力。这种原则（也是一种对艺术创造的社会认可）在"握手302"其他的项目中也发挥了重要作用。最有代表性的作品是"握手302"和王艳霞女士在虔贞女校艺术中心策划的"迁徙：故乡与他乡——客家历史再发现与中西文化交流"（以下简称"迁徙"）展览。该项目位于"2017年第七届深港城市建筑双城双年展"龙华区分展场所在地，也是本届再发现深圳的城中村社会价值的重要项目之一。"迁徙"项目包括专题展览"百年相望：虔贞收藏国际交流展"、委托艺术作品和公共活动三个部分。形式不同，但每一个展品、作品和活动都在探索不同时代的移民给深圳留下的文化特点。虔贞女校建于1891年，是瑞士巴塞尔差会在广东省客家乡村建立的170多所学校、医院、教会等文化基地之一。虔贞女校的建筑群有牧师宿舍、小教堂、校舍、学生宿舍、水井和菜园等。在展览期间，其独特的

虔贞女校艺展馆
（供图：握手302）

卷七 社会参与式艺术　237

展览海报
（供图：握手302）

建筑空间发挥了重要作用，同时也体现出在地的丰富和尴尬。换句话说，因为深圳的历史是多元化的，所以它无法被套进一个宏大叙事的单一历史线，而是不同历史碰撞的结果与流变。说它丰富是因为堆积的文化层太多，说它尴尬也是因为无法让彼此冲突的部分相安无事地和谐共事而不在编织神话时穿帮。

显然，在"寻找城市的肉身"和"迁徙"中，"握手302"是把在白石洲学会的道理带到主流社区中去。第一，活动的主要元素是知识而不是物价；第二，我们是围绕城市中的人启动创意，而这个创意的开始是探索身边的城市；第三，在这个探索的过程中，我们发现想象中的城市和现实的城市是有差异的，而且这些差异会给我们带来尴尬。也就是说，因为城市在不断地变化，而我们的认知却比较顽固，因此这样的活动有可能出现尴尬。比较普遍的尴尬是参与者发现他过去所认识的"印象中的深圳"和"深圳的具体社区"是格格不入的,这个时候,大家发现如何讲述具体的历史变成了这个项目很重要的一部分内容。另外,在走读路线中也有尴尬,带领者有时会迷失——当隔一段时间再走读同一个相对熟悉的路线时,却发现城市已经进行了更新,这意味着原来的物理空间已经改变或者不存在了。在这个意义上,每次走读活动便成了一次探索,给我们带来不一样的体会,常常伴有惊诧和遗憾。这样的经验最后也形成了时空感知上的尴尬。

"握手学堂":成为艺术家的尴尬

"握手302"的一部分运营费用来自艺术教育项目,以资助我们的艺术实践活动。2014年,我们与"丫丫"剧社和"博森豪斯"合作,为2013年UABB设计了《白石洲游乐园》的演出。从2016年到2018年,我们在虔贞女校艺展馆举办了"艺术童萌"系列课程。最近,我们将儿童艺术教育纳入了"迁徙"和"自在溪涌"等展览的策划中,并与其他机构合作制定艺术计划,通过不同项目的实践逐步实现对环境的可持续性思考和对批判性思维的建立等社会目标。通过"握手学堂"的各种形式,我们了解到虽然孩子们与艺术没有尴尬的关系,但教孩子们做艺术会把在现代社会里可以"成为艺术家"的尴尬问题凸显出来。

就人类进化而言,艺术创作早在农业和城市化这两种通常用来定义文明的活动之前

《白石洲游乐园》演出
(供图:握手302)

卷七 社会参与式艺术　239

「握手学堂：虔贞女校艺展馆艺术童萌」（供图：握手302）

「握手学堂：故灵感 新传统」（供图：握手302）

就已经出现了。当我们在"握手学堂"的艺术课上观察孩子时，既能感受到艺术创作的内在魅力，又能感受到其与现代社会的尴尬关系。通常，孩子加入我们的课堂是因为父母让他们参加，或者让他们为接受高等教育做好准备，又或者使他们在想象中的未来就业市场上更有竞争力。也就是说，家长希望艺术教育为孩子的发展和未来的成功做出贡献。然而，孩子参与创意时，他们并没有成年人的焦虑，他们做艺术不是为了挣钱，不是为了推动理论论证，也不是为了表达自己。孩子做艺术，是因为有趣。如果你给孩子一盒彩色粉笔，告诉他们可以画任何想画的东西，他们就会到处去画。更重要的是，孩子不会按照工业生产的时间表来制作艺术品。相反，只要他们玩得开心，他们就会创造艺术。有时他们会花20分钟画画，有时他们会花3个小时，关键是：当他们感到累了、无聊了、饿了或是不喜欢剩下的粉笔颜色的时候，他们就会停下来。有时，他们会把粉笔收拾好，有时会把它丢在原来的地方。但是，当他们停止艺术创作，又会去做一些其他事情，比如取笑朋友或吃零食。在这种情况下，艺术老师要么强迫孩子继续绘画（直到课程结束），要么在他们依然兴致勃勃时停止绘画（因为课程已经结束）。

我们在"握手学堂"所经历的尴尬，是由社会对艺术的规范而造成的。也就是说，让艺术成为一种尴尬，一个是让孩子为了达到成人的社会目标而努力的结果，另一个是渴望"玩"艺术的行为本身。萨拉·桑顿（Sarah Thornton）认为，现代艺术界不是一个平稳的运行系统，而是一个由7种亚文化组成的令人烦恼的集群：拍卖行、艺术学校、艺术博览会、国际奖品委员会、杂志、工作室和双年展等成分。这些亚文化之间通常有重叠，在大学任教的艺术家往往有自己的工作室参加双年展，而双年展策展人则参与提名艺术家获奖并为杂志写作。然而，这些亚文化的目的又是相互矛盾的。例如，参加艺术博览会的拍卖行和画廊老板是对艺术品作为商品感兴趣；相比之下，艺术家则是对探索自我表达感兴趣；而策展人则对利用艺术品进行理论论证感兴趣。换言之，专业艺术界的成员，包括像"握手302"这样的小团队，希望能通过艺术来实现社会目标，但这些"目标"究竟应该按照"富人的品位""尊重自我表达""尽可能多赚钱"等准则来定义吗？桑顿的理论展示了专业艺术界是如何强烈地感受到规范，从而表现出极端形式的尴尬。如果一个艺术家"纯粹的自我表达"不能在拍卖会上出售，我们该如何看待它？两个相互竞争的规范中哪一个应该优先考虑？如果销售的艺术品会对环境造成负面影响呢？我们是否应该把可持续性作为确定艺术品价格的标准？这些问题，让人看到艺术界固有的尴尬。毕竟没有一个艺术家和一个艺术品能够满足所有这些不同的规范。相反，艺术家、策展人、教师和画廊设计师必须优先考虑其中的一个或两个准则，以便在艺术界立足。

孩子的艺术和艺术界之间的尴尬，也是艺术创意和社会运营的尴尬。"握手302"的艺术创意的最后一个特点就是：我们需要在艺术界立足，但是参加我们活动的人可能追求的是童年创造艺术的纯粹感受。

重新开始的尴尬

2019年8月19日，"握手302"从白石洲村搬到下沙村。我们在下沙村的第一个项

「走马灯」
(供图：握手302)

目是"走马灯"，一个探索电子和IT对日常生活意义的系列活动。我们的新空间并没有吸引同样数量的参与者，尽管新的地点更方便。相反，我们收到了很多关于推出下沙版"单身饭"的请求，然而，我们一直拒绝在下沙重复白石洲的项目，因为我们相信，随着时间的推移，这个社区的特殊性会显现出来。我们拒绝在下沙移植白石洲项目（因为每一个城中村都是不一样的）的决定，不仅让人看到了重新开始的尴尬，也揭示了尴尬激发艺术的潜力。"握手302"相信，熟悉下沙，欣赏下沙，对下沙的回应，会让我们产生有意义的艺术。

后记

相欣奕

"历史赞美把人们引向死亡的战场,却不屑于讲述使人们赖以生存的农田;历史清楚知道皇帝私生子的名字,却不能告诉我们小麦是从哪里来的。"(法国·法布尔)

《碧山14:食物》,正是与食物相关,更准确地说,是与变化中的食物相关。一切事物都在发生着变化,食物概莫能外。食物的变化,悄然发生,却影响深广,不可逆转。有时令人欢呼,有时却堪思量。人们对地方食物和风味充满好奇,殊不知无论地方食物抑或地方风味,都是地理环境与时空变迁交织作用的结果。所谓的"地方",少有严格意义的"孤岛",都会在或急或缓兼收并蓄中促成。在这个意义上,各地的食物,你中有我,我中有你。

"打乌子〈客家〉乌鬼仔菜〈闽〉Tatokem〈阿美族〉白花菜〈客家〉,喊我的名,我猜得出你从何处来。说不定啊你离土离乡,行南走北又泊又浪。喊我的名,我猜得出你从何处来。"这几句出现在钟永丰先生的民谣歌词里。细读歌词后的注释可知,"打乌子"(龙葵)是每个人的童年记忆。这样一种只有孩子肯俯身摘下塞进嘴里的紫色小果,在中国四处生长着,在四川,在湖北,在河北,在台湾。人也在东奔西走,当对着这紫色小果唤出它在你故乡的名字,小果子自然知道漂泊的人来自何方。这一句,这一首,和很多首歌词,细腻深情,足以让读者惊觉——原来人与故乡,以这样一种作为孩童零食的小果,达成如此跨越时空也无可变更的联系。在随时随地都在发生着的变化之中,更能体察永恒不变的宝贵。

《碧山14:食物》食物专辑,每篇文章都充满着感情:是对食物的感情,更是对地方的感情;是对变化的体验,更是对不变的盼念。"食物与变化"卷,呈现食物随时间和空间的变化。有的变化已然发生,常见不奇;有的变化天马行空,令人错愕。相对于过去的食物,现今的食物是惊奇的。相对于现在的食物,未来的食物是惊奇的。这样想来,"天马行空"或者就是变化中的食物正在到来的未来。"食物与地方"卷,以《地方与无地方》书评为开篇,随后呈现与人直接相连的"小地方":小到一个厨房的灶前灶尾,锅碗瓢盆;小到一个村庄,村民几十户数百人,人在这里靠山吃山,出生成长。食物在这样的地方种植收获、烹饪消耗。地方与食物的变化,相伴而来,密不可分。"食物与人"卷,呈现出人作为食物的"行动者"在做什么。有人从垃圾箱中"挽救"食物,有人亲耕亲种记录投入和收成,记录土地的变化,验证传统农业方式在当今是否依然可行。"食物与种子"卷,关注最为宝贵的种子。有人用艺术的方式展现种子的珍贵,"种子炸弹"、"冰书"、种子展览,凡此种种,种子都是主角。有人探讨如何摆脱商业利用,复归种子作为公共资源的价值。"食物与艺术"卷,是作为艺术表现对象的食物,在艺术之中,食物不再是日常的样貌,进食也不再是日常的方式。在艺术化了的食物和进食之中,予人颇多冲击。"文与字"卷,是颇富启发与意趣的"米书"和"麦书"的呈现。细究一个文字的来龙去脉,简直如同沿着一个线索挖掘历史。米与麦,让人生生不息,它们衍生出的字会多么有趣?"社会参与式艺术"卷,以图片和文字呈现多彩的社会剖面,直接或间接与食物相关,都不失为本专辑中颇为吸引人的亮点。

《碧山14:食物》得以出版,有赖于20余位作者的贡献。他们来自不同领域,有着不同的视角,共同塑造了本书内容和形式的多样性。也要感谢"食通社"为组稿提供的大力支持。"食通社"是一个可持续食物与农业的知识、写作和信息社区,由一群长期从事农业和食物实践及研究的伙伴们共同发起和管理,致力于为生态农业从业者创造一个公平公正的市场和社会环境,以及促成食物体系的健康、美味、可持续。

本书主编为左靖,执行主编为相欣奕。王美钦、彭嫣菡、王彦之、芮嘉、靳立鹏、张小树等承担了栏目主持和编辑工作,吴倩、蒲佳负责本书的设计和协调,荆涛女士对本书的出版提供了支持,在此一并致谢。

作者简介

相欣奕

故乡在华北，生活于西南。市政工程博士，注册城市规划师，西南大学地理科学学院教师，城市规划与城市问题研究者，撰稿人，译者。

郭健斌

出生于内蒙古清水河，工作于西藏林芝，西藏农牧学院自然地理与资源环境专业教师。

孙天舒

现从事国际发展援助研究工作，关注欠发达地区经济发展及生态环境保护议题。中国人民大学农业与农村发展学院学士、杜克大学环境学院硕士，曾在美国、墨西哥、印度进行可持续农业及食品系统研究。

刘苏

北京师范大学人文地理学博士，西南大学地理科学学院教师，西方马克思主义研究所研究员，英国布里斯托大学访问学者。现从事文化地理学与人文主义地理学研究。

王晓璐

英国谢菲尔德大学，建筑/景观博士候选人。

任翔

英国谢菲尔德大学建筑学院博士，讲师，建筑设计硕士课程主任。谢菲尔德Studio 21建筑师事务所合伙创始人。设计实践既有民居建筑存续，研究东西方比较视野下的当代建筑理论和建成遗产更新。

王国慧

遗产保育工作者。厦门大学经济学学士，复旦大学新闻学硕士、德国勃兰登堡技术大学世界遗产硕士。多年跨专业媒体背景，曾任《百工》杂志执行主编、台湾《汉声》杂志、《书城》《Travel+Leisure》等报刊编辑。2013年创办乐与永续，致力于遗产保育的社区实践与公共传播。坚持以"在地"为方法，探索一种更具包容性、公平性与可持续的"遗产共生"关系。

作者简介　245

黄佳怡
出生于浙江舟山，北京师范大学社会学专业在读学生。关心人与自然生态的关系，也关心家庭教养方式。尚在努力学习中，希望能以个人的视角记录社会生活。

邱静慧
学生时期受台湾地区美浓反水库运动启蒙，毕业后返乡，先在社区大学任职，参与农村教育与城乡交流工作近10年，后来回到美浓爱乡协进会担任总干事，推动客家文化保存与环境保护工作。

钟永丰（《野莲出庄》词作者）
1964年生，交工乐队与生祥乐队制作人与作词人，曾任美浓爱乡协进会总干事、高雄县水利局局长、嘉义县文化局局长、台北市文化局局长等，曾获2000年台湾金曲奖最佳制作人、2005及2007年台湾金曲奖最佳作词人。

林纯用（《野莲出庄》木刻作者）
鱼刺客艺术联盟成员（高雄），广州美术学院油画系硕士毕业，南华大学美学与艺术管理研究所硕士毕业。

绿豆
写作者和译者，现居多伦多。植物采集者，关注草根运动和社区自治，参与Food Not Bombs等免费食物分享组织，并协助其他社区团体经营"都市农业"（urban agriculture）等项目。

朱艺
行动研究学者，西南大学中国乡村建设学院特约研究员，重庆女性人才研究会理事，重庆CSA发起人，中国社会生态农业CSA联盟发起人之一。

王晓晖
城乡规划师，从热爱美食的吃货到喜欢烹饪的厨房小白，现在热心多元的食物议题。食物是其探索社区和城市研究的一个切点，下一站是田野和人类学，开启美妙的新世界想象。

李雪垠

博士，西南大学教育学部青年教师，西南大学美育研究中心副主任，研究方向为学校美育、城乡社区美育。

靳立鹏

博士，四川美术学院实验艺术学院青年教师，研究方向为生态艺术。

农民种子网络

"农民种子网络"创立于2013年，是基于中国科学院农业政策研究中心参与式行动项目组、中国农业科学院作物科学研究所及广西农业科学院玉米研究所在西南地区开展的参与植物选育种工作成果而成立的公益组织。作为一家社会公益组织，"农民种子网络"在农业生物多样性及传统文化保护和利用、小农及社区发展、生态循环农业与可持续食物系统、气候变化应对等多个领域开展了系统的参与式探索和多层面的交流传播和政策倡导。

王彦之

斯坦福大学汉学硕士，纽约大学艺术史与经济学学士。近期的研究、策展方向为地方营造与社会参与式艺术。2021年出版译作《为自然书籍制图》。

李萌

籍贯为山西省霍州市，现工作于中国盲文出版社，同时担任《艺术与设计》杂志撰稿人，双硕士，先后毕业于天津美术学院、中国艺术研究院与英国伯明翰大学，学习设计艺术史与艺术史专业。

朱琺

1977年生于上海。文献学博士，小说家。执教于上海师范大学古籍研究所。曾任《越南汉文小说集成》副主编（上海古籍出版社，2010年12月版）。对民俗学、文字学、古代博物学有广泛的学术兴趣。热爱奇书，撰有小说集《卡尔维诺与计划生育》《安南怪谭》、诗集《一个人的〈诗〉：〈诗经〉今译》。

厉致谦

以设计为原点的多领域研究和实践者。著有《西文字体的故事》，与应宁合译《西文书法的艺术》，与俞佳颖合译《千万别用Futura》。TheType作者，"上海活字"综合研究项目发起人，创新型字体公司"3type"（三言）联合创始人。

王美钦

纽约州立宾汉顿大学艺术史博士，加利福尼亚州州立大学北岭分校艺术系教授。专业方向为中国当代艺术在全球化、商业化和城市化背景下的发展形态，着重于社会参与式艺术研究，特别关注艺术如何参与公共空间、社区生活和乡村建设。

马立安

Mary Ann O'Donnell。"握手302"艺术空间联合创始人，美国人类学博士。已出版研究成果《向深圳学习》，并且在虔贞女校艺展馆促进了文化与教育计划，2017年第七届深港城市/建筑双城双年展龙华区（大浪）分场总策划人，获评"2018年深圳商报年度创意影响力人物"。

连伟志（封面图作者）

摄影师及农村文化工作者。